おしゃれに
なりたかったら、
トレンドは
買わない。

誰も教えてくれなかった
脱おしゃれ迷子のルール 56

はじめに

私は働く女性向けのファッション誌や大人の女性向けのウェブマガジンを中心に、スタイリストとして活動しています。

その前は約7年間、会社員として銀行に勤めていました。

会社員のころからおしゃれをするのは好きでしたが、限られたお給料の中で、毎月洋服にかけられるお金はわずか。

けれど、職場の近くには西武百貨店に東武百貨店、パルコ……、会社からの帰り道は、誘惑だらけの環境でした。

お店の試着室では、会社にも休日にも着られる？

毛玉になりやすくない？　来年も着られる？　と、頭の中でクローゼットのあれやこれやと組み合わせながら、夕方の疲れた頭をフル回転させたものです。

会社員だった20代は、自分の〝テイスト〟が定まっていなかったので、そのときの流行や気分で、さまざまなジャンルの服に手を出していました。

トレンドだからと勇気をもって着たコーディネートで、
そわそわとした気持ちのまま会社に行った日、
「今日、めずらしい服着てるね」と言われて不安に。
この服もまた似合っていなかったのかと落ち込み、
その服はクローゼットの奥底へしまう。
そんな失敗を何度も何度も繰り返しました――。
スタイリストになるのには少し遠回りをしましたが、
今は、会社員を経験したことで、
息が長くコストパフォーマンスの良いアイテム選びや、
リアリティのあるスタイリングができるのが
私の強みだと思えます。
いくらおしゃれでも、会社に着ていけないような
華美な服、カジュアルなスタイルは提案しない。
トレンドに頼らないベーシックな服でも
素敵に見えるように実践してきた私の工夫が
みなさんのお役に立てるとうれしいです。

Contents

はじめに —— 2

Chapter 01 Sayaka's rule

みんなに伝えたい！おしゃれ迷子を脱する4つの発想の転換 —— 6
トレンドは買わない
コーディネートに幅はなくていい
キャラにない色は着なくていい
服をたくさん買わなくていい

ファッショニスタではなく、元会社員の私が思う、おしゃれってこういうこと —— 14
○○さんっぽさが着こなしに表れている
品がある
〝映え〟に頼っていない
意外性がある
昔の自分のまま止まっていない

おしゃれ迷子からの脱却 Column ヘアスタイル&ヘアカラー —— 32

買い物以前のおしゃれの心得 —— 33
おしゃれしすぎは疲れるし、恥ずかしい etc.

おしゃれ迷子からの脱却 Column サブバッグ —— 58

Chapter 02 Sayaka's rule
仕事服にはトレンドはいらない ―― 59
なんだか古くさく見える原因はカーディガンにあり etc.

Chapter 03 Sayaka's rule
プチプラ、セール活用術 ―― 87
安いものほど、色と素材、ボタンに気をつけて
ユニクロ、ザラ、GUでチェックするのはこのアイテム
セールで買っていいのは、来年も使えるベーシックアイテムだけ！
おしゃれ迷子からの脱却 Column 大人にかわいさは必要ない！ ―― 94

Chapter 04 Sayaka's rule
スタイリスト流のコーディネートの組み立て方 ―― 95
コーディネートは上半身から決めていくとスムーズ
コーディネートのセルフダメ出しはこうやる！
おしゃれ迷子からの脱却 Column 自分のベースカラー ―― 104

Chapter 05 Sayaka's rule
失敗しないアイテム選びの極意 ―― 105
長く着られる服を見極めるコツ
おしゃれ迷子からの脱却 Column インナー ―― 138

Chapter 06 Sayaka's rule
小柄でもバランスよく服を着る方法 ―― 139
おわりに ―― 158

※本書で掲載しているアイテムは、一部のものを除き、本人の私物です。
現在ではお取り扱いのないものもございます。お問い合わせにはお答えできないことをご了承ください。

みんなに伝えたい！おしゃれ迷子を脱する４つの発想の転換

トレンドは買わない

rule_01

おしゃれ好きほど流行りのアイテムに敏感。ですが、流行り始めたばかりのトレンドアイテムには手を出さず、最低1シーズンは見送るのが正解です。なぜなら、流行り始めのデザインは、バランスが目新しすぎて他のものと合わせにくいから。ガウチョパンツがトレンドとして登場したとき、最初は中途半端な丈とボリュームのあるシルエットで、個性が強かったのを覚えていますか？この着方で合っているのかなと悩んだ人も多かったと思います。コーディネートが難しいと面倒になり、買ったのに着ないタンスの肥やしに。しかし、ガウチョパンツも2シーズン目以降になると、丈が長くなり、ボリュームが抑えられ、ファッショニスタでなくとも着やすいアイテムへと進化するのです。見慣れてくるから、身につける気恥ずかしさもなくなります。だから、**おしゃれ迷子になりたくなかったらトレンドは見送って、定番になってから**が正解です。

トレンドと
距離を置いたら
失敗がなくなった

このコーディネートは「もし私が今、会社員に戻ったら」というテーマでスタイリングしたもの。雑誌やウェブマガジンで仕事服のスタイリングをするとき、自分が会社員だったときにはしなかったような組み合わせや装いは提案したくないという気持ちで考えています。

ジャケット／オドラント　カーディガン／ユナイテッドアローズ　スカート／アルアバイル　バッグ／ペルメール　靴／ピッピシック　時計／カルティエ

rule_02

みんなに伝えたい！
おしゃれ迷子を脱する
4つの発想の転換

コーディネートに幅はなくていい

会社員のころからおしゃれが大好きでしたが、おしゃれが好きだからこそいろいろトライしなきゃと頑張っていました。雑誌で見たコーディネートをまねして、ものすごくカジュアルな日もあれば、ピンヒールを履いてものすごく女っぽい日もあったり、台形スカートでトラッドな日もあるといったふうに……。全身を今年の新作で包み、振り幅のある着こなしをすることが、おしゃれだと思っていました。でも今は違います。自分が着ていて心地よく、無理のない装いでいることで、毎日自分らしい等身大のおしゃれが叶う。そう思えます。幅広い着こなしをと、あれもこれも手を出すよりも、好きなものを突き詰めていくおしゃれの楽しさを知りました。**自分のキャラにないテイストや組み合わせに頑張って挑戦しなくていい。**シンプルでも今っぽく見えて、〝なんかおしゃれな雰囲気〟を今は目標にしています。

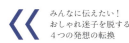

いろんなものに手を出すのをやめたら
心地よさに気が付いた

今は、いろんなテイストに手を出さなくても、好きなアイテムだけでコーディネートすることを楽しんでいます。たとえば、大好きな「白トップス×デニム」も、中にTシャツを入れることで新鮮に。

シャツ／マルティニーク　Tシャツ／フォンデル　デニム／シンゾーン　バッグ／グッチ　靴／ポルセリ　ネックレス／ノーブランド　リング／ティファニー

こちらはある夏の着こなし。左とほぼ同じ「白トップス×デニム」ですが、それでいいんです。あえて変化をつけたいと思わないし、コーディネートに幅がないほうがいつも自分らしくいられます。

カットソー／ヘインズ フォー ビオトープ　デニム／アパルトモン ドゥーズィエム クラス　バッグ／アリエニーナ　靴／ペリーコ　ネックレスにしたスカーフリング／エルメス　ブレスレット／(右手)ミアンサイ・(左手)メゾン ボワネ　リング／(右手薬指)ドゥジャガー・(左手中指)ティファニー

キャラにない色は着なくていい

rule_03

今の私のワードローブは、ほぼ9割ベーシックな色だけ。白、黒、ネイビー、グレー、ベージュ、ブラウン。そして、くすんだ寒色系のきれい色がほんの少しだけ。ヴィヴィッドなきれい色を買ったこともあるのですが、そういう色を着ている日に限って「今日、どうしたの？　珍しいね」と言われることが多くて。しかも、色にインパクトがあると、周りの人からも、あのとき着ていた服だよねとバレてしまうし、着回しにくく、いつも同じ組み合わせになっていました。ヴィヴィッドな色は、いくら上品なネイビーの服と合わせていたとしても、そのネイビーさえキツく見せてしまうほどの威力をもっています。だから、**自分のキャラクターを変えてしまうような強い色は着なくていい**、と声を大にして言いたい。もし顔周りが物足りないなと感じたら、洋服ではなく、小さな面積のリップで色を効かせるくらいで十分なんです。

強い色を着るのをやめたら
着回し力がアップ

落ち感のあるブラウンのシャツ、ベージュのデニム。ベーシックな色だけでまとめるときは、とろみ素材とデニムなど、上下の素材を変えると、地味に見えません。

シャツ／アングリッド　デニム／ザラ　バッグ／マルベリー　靴／ピッピシック　リング／（右手中指・左手人差し指）ティファニー・（左手中指）ソコ・（右手薬指）ドゥジャガー

ベージュのスカートに白シャツを合わせると、エレガントになりすぎる気がしたので、カジュアル感のある水色のシャツを。きれい色はこれくらいさりげなく。

シャツ／ユニクロ アンド ジェイ ダブリュー アンダーソン　スカート／ベイジ　バッグ／エバゴス　靴／サンローラン　リング／（右手中指）ティファニー・（右手薬指）ハム・（左手中指）ソコ

服をたくさん買わなくていい

rule_04

　ある日、思いきっていらない服をすべて処分しました。残す服、処分する服の基準は、着ているか、着ていないか――。いつ着たかなと思ったものはすべて手放しました。その結果残ったのは、およそ１ｍ幅のクローゼットに十分収まるくらいの量。ワードローブがひと目で見渡せるようになったおかげで、コーディネートを考える時間を短縮でき、ムダな買い物もなくなりました。私ってやっぱりこのテイストが好きだったんだなという気づきも。そして、このときに大事なのが、**処分すると決めた服の共通項を探して、自分でしっかりと検証すること**。たとえば私の場合は、麻のベージュアイテム。好きな色と素材だからつい買ってしまうけれど、すぐシワになるし、アイロンも面倒だから手に取らなくなってしまうんだな、という発見が。ここで自分の好みと性格をはっきりさせておくことで、本当に必要なものだけを買えるようになるのです。

服を減らしたら、ムダな時間も買い物もなくなった

定期的に不要なものを処分している私の今のクローゼット。以前はハンガーとハンガーの間に隙間がないくらい服が並んでいましたが、今はこんなにすっきり。ひと目でワードローブが見渡せるので便利になりました。

ファッショニスタではなく、元会社員の私が思う、おしゃれってこういうこと

rule_05

〇〇さんっぽさが着こなしに表れている

雑誌や本はもちろん、ＳＮＳやウェブサイトなど、たくさんのファッションに関する情報が溢れている今の時代。ブレない自分らしさの軸を保ち続けるのはとても難しいものです。そんな中でも、トレンドや周りに流されて自分を見失うことなく、「〇〇さんっぽいよね」と言われる着こなしを貫いている人は、とても素敵だなと思います。雑誌やＳＮＳに出てくる格好をそのままマネしても、素敵なのは服だけで、その人自身の深みは増しません。この秋はフェミニンが流行っているから、次の冬はハンサムが流行りそうだから、と**コロコロ自分のテイストを変えていたのでは、いつまでもおしゃれ迷子から抜け出せないのです**。自分らしさという軸をもっていると、たとえ新しい洋服を買ったとしても、身長や体型、顔立ち、好みに落とし込んで、自分のキャラクターから浮かない、自分に似合う着こなしができるようになります。

写真：Album/ アフロ

こうやってできるようになった！

本の中の好きなコーディネートに付せんをつけ、好きな理由を探した

↑映画『恋愛適齢期』でダイアン・キートンのオールホワイトスタイルを見たときに「こんな歳の取り方をしたい」と思い、おしゃれのゴールが明確になりました。

←好きな写真に付せんをつけておくと、定期的に見直せるのも魅力。最近ではPinterestを利用することも増えました。気になった写真にピンをつけ、カテゴリごとに保存しています。

自分らしさがなにかまだ見つけられていない人におすすめしたい方法は、ミラノ、パリ、ロンドン、ニューヨークなど、世界の各都市の女性たちを撮影したスナップを見ること。気になったコーディネートに付せんをつけていくと、自分の好きなテイストが見えてきます。私の場合は「やっぱりミラノマダムの辛口ハンサムなスタイルが好きなんだ」と再認識。ちなみにパリならヴィンテージ感のある女らしさ、ロンドンなら個性的でカジュアル、ニューヨークならモノトーンシンプルというイメージがあります。映画を観たりピンタレストで検索する方法も有効です。

品がある

ファッショニスタではなく、
元会社員の私が思う、
おしゃれってこういうこと

rule_06

「あの人、品があるよね」「上品だよね」と言われるのは、「その服かわいいですね」「おしゃれですね」と言われるよりもうれしい、大人の女性にとって最高の褒め言葉だと思います。私が思う、**品がある女性とは〝ちゃんとして見える〟人**。アイロンがかかっているべきシャツがシワシワだとか、胸元がはだけすぎていて周りの人が目のやり場に困るような着こなしでは、いくら素敵なブランドの服や人気の服を着ていたとしても、だらしない人という印象のほうが目についてしまいます。全体的に安っぽくも見えてしまいますよね。また、バランス感覚をもっていることも、品のよさに繋がると思います。たとえば、カジュアルなアイテムを着るときは、ラフに見えすぎないようにきれいめのバッグを持って調整できる。自分の年齢を加味したおしゃれができる。適当に着るのではなく、ちゃんと頭で考え、計算された装いをすることが大事です。

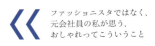

こうやってできるようになった！

こなれ感を出したり着くずそうと頑張るのをやめた

デニムなどカジュアルなアイテムを着るときも、どカジュアルやストリート風は自分のキャラではないから、着くずさずに上品に仕上げるようにしています。

カットソー／ウラジョンソン　デニム／リッチモンド　バッグ／ステラ マッカートニー　靴／ミッシェル・ヴィヴィアン

〝こなれて見せる、着くずすとおしゃれに見える〟という話を耳にしたことがあるかもしれません。ですが、こなれ感や着くずしは、だらしなさと紙一重。前ボタンを多めに開けて衿を抜いてシャツを着る、ダメージが大きく入ったデニムをはいて、シャツを着くずして見せる、などということは、大人になったら積極的にしなくてもいいと思うんです。本当はきれいめの服が好きなのに、流行っているから、おしゃれに見えそうだからと、あえてカジュアルにする必要もない。自分のキャラと違うことに注力しなくていい。あくまで品のよい大人の女性を目指せば良いのだと思います。

rule_07

〝映え〟に頼っていない

ファッショニスタではなく、
元会社員の私が思う、
おしゃれってこういうこと

読者としてファッション誌を見ていた当時「この服は華美すぎて会社に着ていけない……」。そんなふうに感じることが多くありました。実際に私がスタイリストになってからも、誌面に掲載するコーディネートを相談する打ち合わせで「寂しいから、ちょっとサングラスでもかけとく?」「地味だからスカートを鮮やかな色に替える?」と言われたことがありました。だけれど、私たちが日常で着る服は、〝映え〟のためのものではありません。ただ最先端の服を着ていたらいいのではないし、目立てばいいということでもありません。**おしゃれとは、生活というリアリティの中で、TPOに則しているのはもちろんのこと、もう一歩「この人素敵だなぁ」「一緒にお仕事してみたいなぁ」とプラスの印象を生むためのサポートをしてくれるもの。**だから、〝映え〟に頼らなくても、地味に見えない術《すべ》を知っていることが大事だと思うんです。

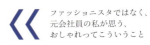

こうやってできるようになった！

辛口の小物の強さで地味に見えないようにした

私が頼りにしているのが、存在感のあるイヤリングやリング。コーディネートにいまいち締まりがないときに加えると、キリリと見せてくれるのも頼もしい。

ニット／ミューズ ドゥ ドゥーズィエム クラス　イヤリング／ともにシャルロットシェネ　リング／（人差し指）ソコ・（中指）ティファニー・（薬指）ハム

コーディネートがシンプルだと、華やかに着映えて見せるために赤やピンクの色を足したり、ふんわりとしたシフォンのブラウスを着たり、フワフワのヘアスタイルで盛ったりする人も多いです。ですが、30歳を過ぎ、体型の緩みを感じ始めるようになると、こういった方法では、たちまちほっこりと、おばさんっぽく見えてしまう危険性が。かわいらしくフェミニンな〝映え〟に頼らず、存在感のあるジュエリーや大きめのバッグ、太ヒールの靴など、キレよく仕上げてくれる小物を味方に。辛口アイテムの強さをアクセントとして効かせるのが地味に見せない方法です。

意外性がある

ファッショニスタではなく、
元会社員の私が思う、
おしゃれってこういうこと

rule_08

女っぽすぎる、カジュアルすぎる、地味すぎる、チープすぎる、ゴージャスすぎる……。このような**〝〇〇すぎる〟ファッションは、おしゃれに見えない原因のひとつ**だと思っています。テイストがひとつの方向に偏りすぎることで、着こなしに抜け感や奥行き、メリハリがなくなり、フラットで面白みのないコーディネートになってしまうんです。たとえば、全身ブランド物で固めている人が素敵に見えないのは、その人らしさや意外性が感じられないから。私はこのような、決まりすぎていて力んで見えるファッションのことを〝キメすぎ〟と呼んでいて、どこかに〝変化球〟を加えたくなります。ゴージャスなアイテムにあえてカジュアルなアイテムを加えたり、上質なレザー素材にあえてラフな天然素材を加えたりすることを〝ハズし〟や〝抜け〟と言ったりしますが、全身キメすぎのイメージをどこかひとつ崩す意外性を混ぜる訓練をしていくことがおしゃれへの近道です。

こうやってできるようになった！

イメージを崩すアイテムをひとつ入れる

もし私がスタイリストとしての感覚をもったまま、もう一度会社員に戻ったら……というウェブマガジン『mi-mollet』の企画では、仕事服の変化球の加え方を提案しました。

ジャケット・パンツ／ブラクトメント　Tシャツ／ユニクロ ユー　バッグ／センスオブプレイス　靴／ル タロン グリーズ　時計／カルティエ

Vカラーのジャケットに、ベーシックな形のセミワイドパンツ。会社員だったころの私なら、洋服とテンションが合うかっちりとしたレザーのバッグを合わせていたと思います。ですが、それではただのまじめなスタイルで終わってしまいます。このまじめな印象を崩すために、PVC素材のクリアバッグを投入。すると、ジャケットスタイルの鮮度が上がり、おしゃれに仕上がります。そのときに大事なのは、〝変化球〟の程度を考えること。このコーディネートの場合は、きちんとスタイルから浮きすぎないように、辛口のパイソン柄&スクエアフォルムのPVCバッグを選んでいます。

意外性とは、全身フェミニンにカジュアル感を足すこと

全身をフェミニンテイストで固めていると、パッと見は統一感があり、コーディネート的には合っているように感じるかもしれません。ですが、**女っぽい要素を盛りすぎると、色気や媚びが強く出て、途端におばさんっぽく、古くさくなってしまいます。**左のコーディネートを見てください。透け感のあるレーススカートに、ツヤのあるパテント素材のピンヒールパンプスの組み合わせは、女っぽすぎて、古くさく見えます。今の時代にマッチする軽やかさがまったくないんです。これではいくらトップスをTシャツにしても、あか抜けて見えません。カジュアル感をもったスエード素材のチャンキーヒールパンプスに替えてあげると、これだけで色気は軽減され、若々しいフレッシュなコーディネートに仕上がるんです。年齢を重ねれば重ねるほど、女らしさのさじ加減には気をつけたいところです。

女っぽいレーススカートをはく場合

×

カジュアル感がある
チャンキーヒールパンプス

↓

スエード素材の太めヒールで
計算されたおしゃれが完成

同じスカートでも、太めのヒールでマニッシュ感、スエード素材でカジュアル感が出せるパンプスにすれば、たちまち洗練されて見えます。透け感のあるレースに対して、靴が重め、というのもバランスよく見える秘訣です。

×

女度の高い
ヒールパンプス

↓

女っぽすぎると
老けて見える

レーススカートにパテント素材のピンヒールパンプスの組み合わせは、女っぽさテンコ盛り状態。隙がまったくなくて、若々しさが感じられません。どうしてもピンヒールが譲れない人は、ラフなスエード素材に替えるだけでも軽やかに。

意外性とは、全身カジュアルに女らしさを加えること

全身をフェミニンで固めないのと同様に、全身をカジュアルで固めるのもNGです。左のコーディネートを見てください。もし10代、20代だったら、まるでピクニックにでも行くような、かごバッグとスニーカーを合わせたカジュアルすぎるスタイルでも愛らしく仕上がります。ですが、大人になったら、この組み合わせがあまりにカジュアルすぎることに気づく必要があるのです。その人がおしゃれかどうか、を判断する基準のひとつに〝年相応のおしゃれ感〟があります。後ろ姿を見て、若い人なのかなと思ったのに、実際に顔を見たら想像と違った……。このように、**服装と実年齢があまりにかけ離れてチグハグだと、決しておしゃれには見えないんです。**カジュアルな服を着るときは、足元に肌感を加えて、女らしさを足す。小さい面積のちょっとしたことですが、細部まで気を配ることで、グンとあか抜けて見えるようになります。

カジュアルなかごバッグを持つ場合

×
足の甲が見える
バレエシューズ
↓
足の甲の肌見せで
女らしさが加わって

同じフラットシューズでも、足の甲が見えるバレエシューズに替えるだけで、ピクニックから、大人のカジュアル、という印象に変わったと思います。スニーカーを活かすなら、バッグをレザーのバケツ型に替えるのがおすすめです。

×
カジュアルな
スニーカー
↓
ラフすぎて
若づくり風に

かごバッグもスニーカーも大好きなアイテムなのですが、大人になってからは、この組み合わせがカジュアルすぎて若づくりに見えてしまうように。ほっこりとしすぎていて、これからピクニックに行くの？と思われてしまうかも。

ファッションニスタではなく、
元会社員の私が思う、
おしゃれってこういうこと

昔の自分のまま止まっていない

rule_09

トレンドを積極的に取り入れるのは自分らしくないとわかっているので、少し距離を置いていますが、何年もずっと変わらない古い人、には見られたくない。その時代の空気感はちゃんと掴み、自分らしいという枠の中で、しっかりと更新はしていたい。だから、「今までこのTシャツがよく似合っていたし、使えたので、今年もこのTシャツがいいんだ」というような、安易な思い込みをやめることが大事だと思うんです。時代の空気感って、毎年必ず変わるものではないけれど、ときどきグラッと大きく動くことがあります。自分の体型も去年とは同じではないし、年齢や仕事によって、自分の立場も変わっていきます。**アイテム自体は定番と呼ばれるものがあっても、その形に定番は決してありません。**ちょっとした変化をちゃんと感じ取り、色や素材、透け感の有無、衿の大きさ、シルエットなど、小さな部分で今どき感を追求していくのです。

こうやってできるようになった！

残念だけど一生ものの定番はない。定番アイテムのサイズとデザインを見直すように

ワードローブは季節の変わり目ごとに見直し、着ているもの、着ていないものをチェック。着ていないものは処分し、クローゼットの中をすべて一軍にする作業をしています。

わかりやすいトレンド服ではないシンプルなシャツでさえ、毎年同じものを着ていては、そのうち古くてダサい人に見えてしまいます。こういうと、とても残念がる人が多いと思うのですが、どんなに悩み抜いて買った服でも、奮発した高い服でも、一生ものとして永遠に着られる服はありません。かといって、安くてかわいいからという理由だけでなんとなく買って、適当にコーディネートしていても、いつまでもおしゃれ迷子から抜け出せません。私も、そう気づいてから、毎シーズン、サイズ感はこれでいいかな、シルエットはまだ大丈夫かなと常に見直すようにしています。

「止まっていない」とは、サイズ感を見直すこと

Basic item:

Knit

ニット／イレーヴ　パンツ／シクラス　イヤリング／エナソルーナ　リング／（右手薬指）ドゥジャガー・（左手中指）ソコ

思い込みを捨ててワンサイズアップ！

rule_10

自分はSサイズだからと決め込み、ずっとそのサイズを買い続ける——。おしゃれを退化させる、絶対にやってはいけないルールのひとつです。以前は、ジャストフィットするピタピタサイズを選んでいましたが、今ならゆとりがあるものを選びます。体を泳がせることで、「今どき感」も「着やせ」も叶います。加えて、首元の開きも毎年見直しが必要です。

古い！

数年前のセレクトは
こうでした！

Basic item:

T-shirt

Tシャツ／ドリスヴァンノッテン　スカート／ドゥーズィエム クラス　イヤリング／パールインターナショナル

rule_11

ボディラインが出ないゆとり&スポーティすぎない袖丈がマスト

Tシャツの選び方は、ここ数年あまり変わらなかったのですが、'19年になってガラリと変わりました。サイズはゆとりを感じるもの、袖は五分丈と長めに、素材は薄手に……。左の過去のセレクトを見ると、元気いっぱいで子どもっぽい印象に感じてしまいます。今は大人がTシャツを着るなら、ほどよいゆとり感が欠かせません。

古い！

数年前のセレクトはこうでした！

Basic item:

Denim

「止まっていない」とは、デザインを見直すこと

デニム／カレンソロジー　カットソー／ドゥーズィエム クラス　靴／サンローラン　リング／（右手中指・左手人差し指）ティファニー・（右手薬指）ハム・（左手中指）ソコ

rule_12

デニムはダメージ加工に時代感が出やすい

トレンド主義ではありませんが、唯一頻繁にアップデートしなければならないと思っているのがデニムです。何年も前から同じデニムをはき続けている人は、今季のものに買い替えてみるだけで、今の時代の空気感が手に入ります。そのときに大事なのが、わかりやすくトレンドが反映されているような、激しいダメージ加工や切りっぱなしの裾のデニムには手を出さないことです。

古い！

数年前のセレクトはこうでした！

Basic item:

Border Cut & Sewn

カットソー／トラディショナル ウェザーウェア　スカート／エーピー ストゥディオ　イヤリング／シャルロットシェネ　リング／(右手中指)ティファニー・(右手薬指)ドゥジャガー

rule_13

ひとワザ利いたデザインがないと地味すぎる印象に

アイテム自体は定番と言われるボーダーも、形の更新はマスト。ニットならサイズ感を上げるだけで更新されて見えるのですが、カジュアルなボーダートップスは、サイズを上げるとだらしない印象になり、かえって難しいんです。だから、肩の位置が落ちているとか、背中が大きく開いているとか、デザイン性が高い形を選んだほうが簡単におしゃれに見えます。

古い！

数年前のセレクトはこうでした！

Column

rule_14

トレンドに頼らないからこそ、ヘアスタイル＆ヘアカラーも重要です

服の個性で勝負をしない、ベーシック派の私にとっては、ヘアもファッションの良し悪しを左右する要素のひとつ。コーディネートを決めた後に、全身鏡でバランスを見て、髪をおろすのか、まとめるのかを決めます。ここ数年は、アゴのラインでそろえた重めボブが定番。ギリギリ結べる長さは残しているので、洋服に合わせてアレンジしやすいのが気に入っています。結んだときに見える程度にハイライトも入れています。

Hair Style

おろしても結んでもバランスのよい重めボブ

すきすぎてスカスカに見えないよう、重めにとオーダーしています。

Hair Color

ヘアに動きが出るよう内側にハイライトを

ハイライトでヘアに立体感が生まれ、結んでもニュアンスが出ます。

朝起きたらアイロンでヘアをストレートにした状態で〝モイ〟のヘアオイル2プッシュとワックスひとすくいを混ぜたものを塗布。毛先を中心につけ、手に残ったものをトップに。ウェット感と束感が出て、モードな印象に。

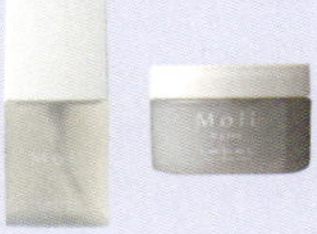

毎日使う
ヘアスタイリング
セット

Chapter 01

おしゃれしすぎは恥ずかしい！

Sayaka's rule

買い物以前のおしゃれの心得

Sayaka's voice

rule_15

おしゃれを頑張りすぎなくていい。おしゃれしすぎは疲れるし、恥ずかしい

会社員のころは、おしゃれしなきゃと頑張りすぎていたんです。たとえば、週末買ったばかりのトップスとボトムスを、うれしくて月曜日に上下とも着て会社に行ってしまうような……。今年の新作で全身を包めば、雑誌に載っていたあのモデルのように、おしゃれになれると思っていました。でも、そういう張りきった日は決まって、このコーディネートでいいのかな、ちょっと派手だったかなと、少しソワソワして落ち着かない気持ちに。やっぱりこの組み合わせじゃなかったかもと気づいて、すぐに会社から帰りたくなったこともありました。頑張って上下とも真新しいアイテムを取り入れようとして、いつも以上にバッグや靴に迷い、会社に遅刻しそうになったこともありました。

この失敗のすべての原因は、気負いすぎていたことにあると思うんです。買ったばかりの新しいものを身につけておしゃれに見せたい、雑誌みたいなおしゃれをしたい。そういう気持ちが勝っていたことで、**装いを自分のキャラクターや好きなテイストに落とし込むという大事なことが見えていませんでした。**当時の私は服に着られてしまっていたように思います。

今は、新しいアイテムを複数買ったら、一度に全部合わせることはせず、どう着るのが〝自分らしい〟のか、をまず考えます。新しいものを身につけるときは、頑張っている感じが極力出ないように、とにかく引き算を意識。そのためにまずは、気負いなく着られるベーシックアイテム（私の場合は、デニムやシャツ）からコーディネートを考えます。

もし自分にとってのベーシックアイテムがなにか、まだわからなかったら、ぜひクローゼットを覗いてみてください。**クローゼットにたくさんあるアイテムこそ、自分を形成してくれているアイテム**です。新しいアイテムを買うときも、自分にとってのベーシックアイテムと合うかどうかという判断基準をもっていれば、買い物の失敗が格段に減ると思います。

そして、頑張りすぎないという視点でもうひとつ私が伝えたいのは、**少しでも気恥ずかしいと思うアイテムや、勇気のいるアイテムは身につけないでいい**ということ。そう、ファッショニスタでもない限り、おしゃれしすぎるのはなんだか恥ずかしいという気持ちがあって当然！　私の場合、勇気がいると感じるアイテムは、帽子、ターバン、大きめのフレームのサングラス、ワンショルダーやオフショルダーのトップス、サロペット、大きな柄もの、ヴィヴィッドな色の服。いつもの自分と違って**「今日なにかあるの？」と聞かれてしまうようなアイテムを、頑張ってどうにか着ようとしなくていい**んです。

トレンドのアイテム、話題のアイテムを身につけないとおしゃれになれない、なんていうことは絶対にありません。みんなが身につけているから、自分も買わなきゃと思う必要もありません。自分のテイストに合っていて、これなら無理なく取り入れられるぞ、というものだけを、冷静に見極める目をもてれば、おしゃれ迷子にならずにすむのです。

rule_16

7号、9号という サイズにこだわると損。 サイズを上げることは おしゃれへの第一歩

サイズという数字よりも、自分の体がきれいに見えるかどうかで服を選びましょう。入るかどうかではありません。「私は7号が入る」とか「ずっと変わらず9号なんだ」という思い込みはぜひ捨ててください。サイズ表記は、服を着てしまえばだれにも見えませんし、実際に下着のようにだれかが測ってくれるものじゃありませんから、自分が何サイズを着ているか、まわりの人に知られることはほとんどありません。

私がおすすめしているのは、**試着するときに自分が思っているサイズのひとつ上のサイズも一緒に試してみる**ことです。店員さんに大きめのサイズもお願いしたら「お客様は小さいほうのサイズでいいと思いますよ」と言われることもあると思いますが、それにまどわされずに(笑)、ぜひ2サイズ試してみてほしいんです。

そして**試着室では、必ずサイズの大きいほうから試して**ください。小さいほうから試して、それが入ってしまうと、きれいに着られているかどうかを深く考える前に、入ったからこれでよしという気持ちになってしまいがち。大きいサイズから試し、後で小さいサイズを試すことで、大きいサイズのときには出なかったシワが、小さいサイズでは出てしまったな、というような、ちょっとした違いに気がつけるようになります。

パンツのときは特に、きれいにはけているかどうかを熟考してください。ウエストのボタンが留まったとしても、脚のつけ根部分などに余計なシワが入っていたら、パンツのセンタープレスがなくなってしまっていたら、サイドのポケットが広がっていたら、少しでもどこか生地がつっていたら、サイズが小さいですよというサイン。大きいほうならきれいにはけるのか、それとも、そもそもこの形が合わないのか、という次のステップの検討へ移ります。

サイズを上げることは、決して恥ずかしいことではありません。パツパツの服を着ているほうがよっぽど恥ずかしい。「やせたら大丈夫！」と、小さいサイズの服を買ってからやせるより、今ワンサイズ上げるほうがよっぽどラクです。**サイズにこだわらず、体がきれいに見えることがおしゃれ**なんだと理解してください。

同じ形のパンツでも、色次第でサイズを上げるほうがいいこともあります。私は同じ形のパンツをネイビーとピンクベージュで持っているのですが、ネイビーは34サイズ、ピンクベージュは36サイズにしています。とろみのある素材のパンツの場合、淡い色みだとボトムインしたトップスのラインが出やすくなるんです。パンツをよりきれいにはくために、ワンサイズ上を選びました。

トップスのサイズが合っているかを確認するときに、いちばん見るべき場所は肩の位置です。特にセットインスリーブ（ドロップショルダーではない、いわゆる普通袖）は、トップスの肩山の位置と、自分の肩の位置がぴったりと合っていないと、肩幅に迫力が出て、太って見えてしまうので要注意。

また、シャツやカーディガンなどは、前ボタンを留めたときに胸元に余計なシワが出ていないかを確認してください。パンツの横ジワと一緒で、このシワの有無が、洋服をきれいに着られるかどうかを大きく左右することになります。

Sayaka's voice

rule_17

若いころに似合っていたアイテムほど要注意。怖く見えないか、若ぶって見えないか自問を

少し厳しく言わせていただくのですが、年齢を重ねてもおしゃれでいたければ、**いつまでも思考回路が若いままで止まってしまっていないか**と、常に自分に問いかけてみてほしいのです。若いころに似合っていた服が今も似合う、若いころから好きなブランドが今も好き、いつまでもペールトーン×白のふんわりフェミニンな服が好き、若いころと服のサイズが変わっていないから、今でもボディラインが出る服を好んでいる……。そんなふうに思っている人は要注意です。

どんなスタイルの人でも、年齢を重ねると、多少なりとも体型は変化してきます。髪質や肌質も変わってきます。そんな自分の変化に逆らって、おしゃれしても逆効果。今の自分に似合うおしゃれを見直す必要があります。

まずは、**洋服を買いに行くショップを替えてみましょう。読んでいるファッション誌を替えてみましょう。**ペールトーンの服が好きだった人は、思いきってダークトーンを白と合わせてみましょう。新たな自分の魅力に気づけると思います。本当に服のサイズが変わっていなかったとしても、体にピタピタと沿う服が似合っていたのは、若いころのハリがある体だったからこそ。これまでよりワンサイズ上げてみるだけで、たちまちあか抜けた印象に見えると思います。

周りの人から怖そうに見えないか、若ぶっていないかを自分で判断する基準のひとつに「同性から嫌われないかどうか」があると思ってます。嫌われそうな着こなしは、たいてい間違っていると思ってください。胸元や脚の露出が激しい服が、周りの人を困らせてしまうように。大人の女性がレオパード柄やヴィヴィッドピンクのアウターを着ると、迫力が出すぎてしまうことがあります。「あの人って、若ぶっているよね」とヒソヒソとウワサされないよう気をつけたいものです。自分で判断をするのが難しければ、周りの仲のよい人に聞いてみるのもおすすめです。

ところで、**若ぶっている、と若々しく見える、は全然違うこと**です。若々しく見せたいなら、若いころと同じファッションをするのではなく、ピシッとアイロンがかけられた真っ白のシャツを着ているほうがいい。ただ自分が好きだから着るのではなく、この服装を見た周りの人がどう思うか、という気づかいと客観性をもった服選びをしていくことが必要になってきます。

年齢を重ねるとともに、キャラや存在感は強くなってくるものです。それをいちばん活かせるのは、シンプルなファッションだと思います。私がこれからさらに年齢を重ねたら、無地でベーシックカラーのニットに素敵なジュエリーをひとつだけつけるような、ごくシンプルなスタイルにしたいと思っています。

Sayaka's voice

rule_18

まず洋服を減らすこと。買い物の失敗も服選びに悩む時間もなくせます

洋服がたくさんあると、それだけでコーディネートに迷う原因をつくってしまうと思うんです。私自身、迷うわりに実際に手に取る服はいつも同じだなと気づき、本書冒頭にも書いたように、たくさんの洋服を処分しました。

処分した服は、たとえばゆとりがないサイズ感のトップス、半端丈のワンピースやコート。シルエットや着丈は時代の流れによってどんどん変わっていくので、翌年は着られなかったけど、その次の年にまた着られた、ということがありえるのですが、ジャストサイズと短め丈、については、もうしばらくは復活しそうにないと思い、処分しました。そのひとつが、時代や年齢とともにしっくりこなくなってしまったジャストサイズのトップス。以前は、トップスの肩山の位置が、自分の肩のいちばん高い骨よりも、内側に入るサイズ感のものを着ていました。ですが、今それを着ると、ピタピタに見え、子どもっぽくなってしまうんです。今は、肩のいちばん高い骨とトップスの肩山の位置がぴったり合うか、少し肩山の位置が外側くらいがベスト。だから、肩位置が合わないものはすべて手放したのです。ほかには、カジュアルすぎるTシャツ。**年齢**

を重ねたことで、ラフすぎるアイテムはもういらないと判断しました。これくらいの柄ものならいけるかなと思って買った小花柄のトップスも、結局出番がほぼなかったので手放し、もう二度と買わないと決めました。

その結果、残ったのは各アイテム数枚ずつくらいという、スタイリストなのに？　と驚かれる量です(笑)。でも、**自分で把握できる量になったことには、メリットしかありませんでした。**何にでも合わせられる服しか残らなかったので、コーディネートを考える時間が劇的に短縮しました。迷うだけの量の服もないので、時間のない朝でもコーディネートがすぐ決まります。クローゼットをひと目見るだけで自分のワードローブがすべて見えるので、洋服を取り出さなくとも、組み合わせがすぐに思い浮かびます。買い物へ行ったときに、自分の手持ちと似たようなアイテムを買う失敗もなくなりました。そして、服の収納にさいていたスペースを他の用途に使えるようになりました。

あまりにこの状態が快適すぎて、衣替えをするたびに、着ていない服があるか確認し、洋服を増やさない状態をキープしています。

ものがたくさんあると、いろんな情報がありすぎて、決断に時間がかかってしまうものです。すっきりとしたクローゼットのおかげで、頭もすっきり。私のクローゼットには、黒、グレー、ネイビー、ベージュ、白、ブラウン……ベーシックカラーでほとんど無地の、地味だけど心から頼れるスタメンだけが並んでいます。

Sayaka's voice

rule_19

自分がどのカテゴリーに属するかがわかれば迷いがなくなる

パンツ派なのか、スカート派なのか。パリッとしたシャツと落ち感のあるブラウスならどっちが好みか。好きなファッションがよく載っている雑誌は？　好きな色は？　カジュアルが好きなのか、きちんとが好きなのか。女らしい格好が好きなのか、きりっとした格好が好きなのか。自分の好みと向き合って、自分のワードローブを見返して、自分がどういうカテゴリーに属するかがわかれば、自《おの》ずと自分がどういうファッションをゴールにすればよいのか見えてくると思います。

今の自分だけでなく、過去の自分もさかのぼって思い出してみるのもおすすめです。私は高校生のとき、ニュースキャスターの安藤優子さんが出演しているニュース番組を欠かさず見ていました。ニュースを見たかったわけではなく(笑)、安藤さんが今日なにを着ているか、が見たかったんです。安藤さんの服は、毎日ちゃんと安藤さんっぽい。**「あれ、今日どうしたんだろう?」と思う日が一日もない**んです。少しフェミニンな装いの日があっても、それは安藤さんらしい、辛口でかっこいい雰囲気の中での女らしさ。ひとつひとつのアイテムが、その人っぽいって素敵だなぁ、こんなふうになれたら素敵だなぁと子どもながらに思っていました。

私がもっと小さいころには、父の朝の身支度を見るのが好きで、よくくっついていたことを覚えています。クリーニングの袋からパリッとしたワイシャツを取り出し、たくさんあるなかから1本のネクタイを選ぶ。そして、カフスボタンとカラーピンをつけ、ベルトを通す……。その完成していく工程を見ているととてもワクワクしました。メンズのスーツならではの、ベーシックカラーのなかでの色遊びにも興味津々でした。

女性向けのファッション誌だけじゃなく、メンズ向けの海外スナップ本を見るのも好きでした。

こういうルーツがあるから、私はベーシックカラーを使った辛口でかっこいいカテゴリーに属するんだなと改めて実感しました。だから、派手な色を着るとソワソワして、地味な色を着ると落ち着く。スカートをはくときも、かわいらしいものよりも、ハンサムなものが好き、ドット柄を取り入れるなら、カラフルなものじゃなくて、モノトーンのものが好き。加えて、辛口かっこいいカテゴリーに属したいのに、実際の私は実年齢よりも下に見られる童顔、そして小柄。だから、さらに辛口にしたくなるんだなと納得できました。

このように、自分がどのカテゴリーなのかがわかれば、いろんなものに手を出さずに済みます。**自分らしさの外には出ない狭い範囲内で、ていねいに深掘りしていけばいい**だけ。その結果、ふだんのスタイルだけでなく、結婚式に参列するときなどの特別な日でも、自分らしいシルエットやデザインを選べるようになるのがゴールだと思います。

Sayaka's voice

rule_20

小物は洋服を決めたあとの調整役。「強さを足す」か「軽やかさを出す」ものだけ

靴やバッグ、アクセサリーなどの小物は、洋服と比べて悩まない人が多いかもしれません。もしかすると、服が違うのに、毎日同じセットを繰り返し合わせていませんか。

ですが、**大人になったら小物合わせこそ大事**だと考えています。私がコーディネートを考えるときは、いつも先にすべての洋服を決め、その後に全身鏡の前に立ち、小物を決めていきます。今日着たい服の色やデザインが強くて、キメすぎになっているなと思ったら、小物でマイルド感をプラス。服にポイントがなくて少しぼんやりと見えそうと思ったら、小物で強さをプラス。そんな調整をしてくれるのが小物の大きな役割だと思うんです。毎日、洋服によって小物を替えるのは、面倒だと思うかもしれませんが、妥協してほしくないパートです。

実例をあげて説明をしてみます。ボーダートップス×デニムの超定番同士の組み合わせをしたとき。ふつうのラウンドトウのバレエシューズを合わせるのでは、少女のように見えてしまいます。そこで、足元をポインテッドトウに替えると、同じフラットシューズでも、靴のシャープなフォルムがアクセントとなり、コーディネートをキリッと引き締めてくれるんです。耳元に大ぶりのモードなピアスを加えるという方法も同じ効果があります。

反対に、シャツ×きれいめのスカートでコンサバに見えすぎそうなときは、かごバッグでカジュアルさを足したり、ヌーディなバーサンダルを合わせて軽やかに仕上げます。

このように調整の方法は、**①強さを加えて引き締める、②素材で軽やかな抜け感を加える**、というのが王道の2大アプローチです。インパクトのある色で強さを加える方法もあるのですが、ベーシックカラー好きの私の場合は、自分らしさという枠の中からはみ出してしまうのでやりません。

そのため、小物を買うときは、ただおしゃれでかわいいからという理由では選びません。チェーンがついたものやスクエアフォルムのものなら、強さを加えてくれそう、ラフな素材のかごバッグなら軽やかさを加えてくれそう、といった使い道が明確にわかるものを探します。

最後につけ加えてお伝えしておきたいのが、小物のなかでも、トレンド感が高い小物は避けたほうがよいということ。今なら、ダッドスニーカーやフレームの太い黒縁メガネなどのトレンド小物のことです。洋服でトレンドアイテムを取り入れるのは勇気がいるけれど、小物ならハードルが低いと感じる方もいらっしゃいますよね。だから、手っ取り早く今っぽく見せてくれるトレンド小物に頼りたくなる気持ちはわかります。ですが、私は、小物は服のバランスを調整する役目だと考えています。**わかりやすいトレンド小物では、その小物が主張しすぎて、調整役では終わらずに、主役になってしまう**んです。その結果、服とのバランスがうまく取れず、洋服をいちから考え直すことになってしまいます。トレンド感が高い小物には安易に飛びつかないのが賢明です。

おしゃれ迷子からの脱却

Column

rule_21

サブバッグはただの荷物入れにあらず！ コーディネートのバランスを取るアイテム

コーディネートが決まりすぎだと思ったときにリラックス感を足す、色やツヤで女っぽく見えすぎるときに、カジュアル感を足す、そんなときに役立つのがサブバッグです。カジュアルなロゴやレオパード柄のアイテムは、洋服で取り入れるには勇気がいるけど、バッグなら大人でもOK。黒や白などのベーシックカラーにロゴプリントがあるもの、レオパードや迷彩柄のように強さのある柄ものがおすすめです。

左上から時計回りに：ネイビーのサブバッグ／アー・ペー・セー　レオパード柄のサブバッグ／アパルトモン ドゥーズィエム クラス　白のサブバッグ／エムエスエムアール　黒のサブバッグ／エディットフォールル

Chapter 02

着くずしたり、遊んだりしなくていい！

Sayaka's rule

仕事服にはトレンドはいらない

rule_22

大人としてのきちんと感と、おしゃれであることとの優先順位を明確にしておく

私はスタイリストになる前、約7年間会社員として銀行で働いていました。当時は、今ほどオフィススタイルのカジュアル化が認められていなかったですし、上司や先輩の目もあったので、社会人として恥ずかしくない、という枠の中で、おしゃれを楽しんでいました。

5年前にスタイリストになってからも、おしゃれであることの前に、大人としてきちんと見えるかを大事に考えてきました。ですが、ファッション業界に入って驚いたのは、打ち合わせなのにデニム、ラフなスウェット、露出が多い服など、自由な格好の人が多かったこと。お金をいただくクライアントさんとの仕事現場で、ライバル社のアイテムを身につけていても気にしないという感覚にヒヤリとすることもありました。

仕事の場において、服装は〝仕事ができそう〟、〝信頼できそう〟に見せるためのツールです。相手のことを思い、TPOを考え、失礼になるような服装はしないことが大人としてのマナーだと思っています。おしゃれ感を意識するのは、その次の話。

だからこそ、**仕事服にトレンドはいらない**と思うんです。流行のファッションを追うのではなく、シンプルでさりげなく、好印象をもってもらえる範囲内でおしゃれをすればいいんです。

では、仕事服において、きちんとしているとは、どれぐらいの程度のことをいうのでしょうか。今は以前と比べて、ファッション全体がカジュアル化したこともあり、ドレスコードがかなり厳しい会社でない限りは、ガチガチのビジネスタイルでなくてもよくなってきました。社外の方に会うのか、社内の人にしか会わない日なのかによっても変わると思いますが、会う相手に失礼のない服装を基準に考えるのがよいと思います。大人としての常識をわきまえた装いですね。

以前なら、テーラードジャケットに細身のパンツにピンヒールのパンプスというような、隙のない仕事服が定番だったように思います。ですが今では古くさい印象を与えがち。社会人としてのルールを守りつつ、今の時代をとらえ、きちんとキャッチアップしているポジティブな印象を、仕事相手に与えることも重要です。

シャツをタイトなシルエットのものから、ゆとりのあるサイズ感のものに更新する。ひとつボタンのジャストサイズのテーラードジャケットを、ほんのりモードなダブルのジャケットに更新する。トップスを無地からモノトーンの柄にしてみる。ひと粒パールのピアスを、華奢なイヤーカフにしてみる。細身のパンツのシルエットはそのままに、パンツの色をくすんだピンクにしてみるのもいいかもしれません。もちろん、仕事服においても、**永遠の定番アイテムはありませんので、アイテムや着こなし方のアップデートは欠かせません。**

rule_23

アイテムで冒険できない仕事服は、くすみ系のきれい色や控えめな柄をうまく活用して

私は会社員だったとき、仕事服に取り入れていい色は、ネイビー、グレー、白、ベージュなどのベーシックカラーだけだと思っていました。きれい色を使ってはダメだと思い込んでいたんです。ですが、きちんと見える服は、デザインがごくシンプルなので、それだけでおしゃれ感を出すのは至難のワザ。なかなか納得できるコーディネートにたどりつけずにいました。

それが、色を使えばパッとおしゃれな雰囲気に見せることができると気づいたのは、スタイリストになってからのことです。もちろん、着るのに勇気がいるようなヴィヴィッドな色は、そもそも会社にそぐわないことが多いかもしれませんが、最近では、お仕事服に取り入れやすい、くすみ系の落ち着いたきれい色が豊富。モーヴピンクやグレイッシュなブルーなどの、くすみパステル系や、深みのあるパープル、テラコッタオレンジなどのこっくり系カラーなら、オフィスでも悪目立ちしないのでＯＫ。

きれい色を取り入れるときは、顔周りに近い上半身のメインアイテムよりも、ジャケットのインナーや、ボトムで。そのほうが色の存在感が悪目立ちしません。ドレスコードが許すなら、靴できれい色を取り入れるのもおすすめです。洋服はベーシックカラーなのに、足元にポンッとグレイッシュなきれい色が加わることで、コーディネートの鮮度をググッと引き上げ、おしゃれな雰囲気に導いてくれます。

色以外では、柄ものを活用するのもおすすめです。ここでいう柄ものとは、ベーシックカラーの柄もののことを指しています。たとえば、黒地に白の小さめのドット柄のブラウス。白×黒の縞のピッチが狭いボーダーのカットソーなどです。オフィスにそぐわない印象にならないように、柄ものの場合は、色は抑えて、できれば**遠目には無地に見えるような、控えめな柄を選ぶのがコツ**です。

色を取り入れるときも、柄を取り入れるときも、華美になりすぎないよう、ベーシックでシンプルなボトムに合わせることを忘れずに。せっかく控えめな色や柄を選んだのに、ボトムがトレンド感高めでは、その意味がなくなってしまいますから。

オフィスで取り入れやすい柄ものは、たとえばこんな黒地に白の小さめのドット柄。ボトムをシンプルな黒パンツにすれば、遠目に見れば全身黒に近い感じになるので、品よくまとまります。

ブラウス／イネド　パンツ／ユニクロ　バッグ／マルベリー　靴／ル タロン グリーズ　時計／カルティエ　イヤリング／エナソルーナ

ピッチの狭いボーダートップスも柄感が控えめで着やすい一枚。無地のトップスよりもメリハリが出るから、コーディネートも決まりやすいんです。

ジャケット／バッカ　カットソー／アイロン　パンツ／ユニクロ　時計／カルティエ　イヤリング／イリス47　リング／ティファニー

rule_24

オフィススタイルのジャケットは〝Vカラー〟がおすすめ!

仕事のシーンで着るジャケットをあか抜けて見せたかったら、Vカラーのジャケットが断然おすすめです。逆に、休日にデニムなどに合わせるなら、テーラードやダブルブレストのジャケットもよいと思います。

Vカラーのジャケットとは、ここ2～3年くらいで各ブランドから登場してきた、ラペルとカラーが付いていないノーカラーで、ネックラインがV字に開いたタイプのことです。衿がないぶん、テーラードや丸衿のジャケットに比べて、合わせるインナーの衿元の形を選ばず、着回しがききます。もし一枚もVカラーのジャケットを持っていないという方がいらっしゃったら、ぜひ一度試着されてみてください。テーラードジャケットよりも体型やテイストを選ばず、どなたでも似合う形をみつけやすいアイテムです。

さらに、いつもスーツを制服的に着ているけれど、実はもう少しおしゃれに見せたいという人にも、Vカラーのジャケットは便利です。スーツのジャケットを、Vカラーのジャケットに替えるだけで、あか抜けて見えます。夏はシワになりにくいのにおしゃれに見えるリネン風素材、冬は細かいチェック柄やメランジのウール素材などのジャケットにすれば、こなれ感はググッと高まります。Vカラーのジャケットにするだけで、スーツのボトムも、また活躍させられると思います。

最後に、Vカラーのジャケットを購入するときの選び方のコツを紹介します。まず、着丈。丈はヒップが隠れるくらい長めのものにしましょう。私は身長が154cmと小柄ですが、それでもジャケットは、長めにします。なぜなら、**長めの丈のほうが、左の写真のようなハイウエストボトムとの相性が抜群。細身のパンツはもちろん、ワイドパンツやひざ下丈のタイトスカートなど、どんなボトムともバランスがとりやすい。**カジュアルなデニムと合わせてもしっくりきます（スカートの場合は、Aラインではなく、すっきりとしたIラインに）。

次に色。色はベーシックカラーならどの色でもオフィスで使いやすいですが、どんなコーディネートにも万能に合わせられるのは、チャコールグレーだと思います。黒やネイビーのパンツにも合いますし、くすみ系のきれい色にもなじんでくれますし、ブルーデニムともぴったりです。

胸元がV字に開いた、衿のないジャケット＝Vカラージャケット。今や、多くのブランドがこの形のジャケットを出している、新定番アイテムです。

ジャケット／オドラント　カーディガン／ユナイテッドアローズ　スカート／アルアバイル　バッグ／ベルメール　靴／ピッピシック　時計／カルティエ

Vカラーは、シャツやニットなどインナーの首まわりの形を選びません。

ジャケット／オドラント　ブラウス／イエナ　時計／カルティエ　イヤリング／シャルロットシェネ　リング／ティファニー

rule_25

なんだか古くさく見える原因はカーディガンにあり。肩かけするならジャケットを

通勤の電車やオフィスの冷房対策に、なんとなく地味に見えるコーディネートの盛り上げ役に、困ったらカラフルなカーディガンが助けてくれると思っていらっしゃる方も多いと思います。

……ですが、私は声を大にして言いたいんです！ **カーディガンをおしゃれに着るのはとても難しい。** 寒いからと、地味に見えそうだからと、カーディガンをはおると、素敵なコーディネートが途端に古く見えてしまうこともある要注意アイテムなんです。

カーディガンをおしゃれに着るには、カーディガンのインナーをTシャツにして、リラックス感を加えるといいでしょう。あるいはVネックのカーディガンをジャケットのインナーとして。もしくは、ロングカーディガンを選ぶのもひとつの手です。

もしカーディガンとニットをツインニット状態で着たいというなら、ネイビーや黒などのダークカラーに。エレガントでフェミニンなパステルカラーのツインニットでは、野暮ったく見えたり、太って見えたり、〝ほっこりおばさん〟

になりがちです……。

と、カーディガンをどうにかうまく着る方法を提案しましたが、よほどおしゃれに自信がない限り、カーディガンをはおりに使うことはおすすめしません。**手っ取り早くあか抜けて見せたいなら、思いきってカーディガンをやめ、代わりにジャケットを活用**してみましょう。使いやすいのは、最近よく見かける、**ウエストシェイプのない、ボックスシルエットの〝着流し〟ジャケット**。フロントボタンが付いていないタイプも多く、まさにさらりとはおるのにぴったりな一枚です。シルエット自体にゆとりがあり、肩周りもゆったりしたつくりなので、肩が凝りにくく、長時間着ていてもラクチンなんです。

実際に着流しジャケットをはおると、コーディネートが決まりやすいし、カーディガンよりもきちんとして見えます。カーディガンというと、〝お嬢さん風〟のイメージがありますが、着流しジャケットなら〝辛口でハンサム〟なので、仕事ができるように見せたい、というときにも有効です。責任のある立場の方も取り入れやすいアイテムだと思います。

カーディガンのようにさらりとはおれて、ノンストレスで温度調節もでき、そして、カーディガンよりきちんとして見えます。

ジャケット／カリテ　ニット／ボールジィ　パンツ／ルフトローブ　バッグ／オーエーディー ニューヨーク　靴／ルタロン グリーズ　時計／カルティエ

rule_26

ジャケットスタイルのインナーを替えると、途端にあか抜けて見える！

ジャケットを着るとき、インナーはどうせあまり見えないから適当でいいやと思っていませんか？　いくらVカラーのジャケットや、着流しジャケットを着たとしても、インナー選びが間違っていたら、おしゃれ度が半減してしまうほど、インナーは重要な存在なんです。

よく見ていて、もったいないな〜、惜しいな〜と感じるのが、ジャケットにUネックのカットソーを合わせるコーディネート。デコルテの開いたカットソーを着ることで、カチッとして見えるジャケットを女らしく見せたいという気持ちはわかるのですが……。カットソーの中途半端な首元の開き具合のせいで古くさい印象になってしまいます。ほかにも、胸元にビーズやビジューの付いたニットやカットソーを合わせるのも古く見えます。

あか抜けて見えるおすすめのインナーをご紹介します。ひとつめは、**Vネックのリブカーディガン**。ジャケット自体は、凹凸のないフラットな素材のものが多いので、カーディガンのボタンやリブ編みがメリハリを加えてくれます。

2つめは、**くすみ系きれい色のクルーネックTシャツ**。白Tシャツでもいいのですが、よりおしゃれ度を高く見せるには、きれい色を選ぶのが正解。きれい色の中でも、鮮やかすぎないくすみ感のある色を選ぶ、暖色系よりも寒色系を選ぶことで、オフィスになじむ着こなしになると思います。

3つめは、**艶感のあるシルク素材のクルーネックのニット。**Tシャツよりもきちんと見せたいときはこちらを。マットなコットン素材のニットでは、ジャケットの素材とメリハリがなく、地味になってしまいます。シルクニットなら、艶があるので奥行きが生まれて、ていねいにおしゃれをしている印象に。

4つめは、**スタンドカラーのシャツ。**ふつうのシャツ衿とジャケットの組み合わせは、かっちりしすぎていて、就職活動中の学生のように見えてしまうこともあります。同じシャツでも、衿の折り返しがないスタンドカラーならかしこまって見えすぎず、きちんと見えるけど、ちゃんとリラックス感もある、という装いになります。

おすすめインナーのひとつめと3つめでも説明しましたが、ジャケットのインナー選びで大事にしたいのは、ジャケットとインナーの素材に差を出すことです。ジャケットがリネン素材なら、ほんのり透け感のある薄手のTシャツをインナーに。ツルッとした光沢のあるジャケットなら、素材に奥行きを出してくれるリブカーディガンをインナーに。ちょっとしたことですが、素材と素材の組み合わせにまでしっかりと手をかけることで、ふつうの着こなしよりも一歩前に進んだ仕事スタイルが手に入るんです。

4つめにおすすめした、スタンドカラーのシャツをインに合わせるとこんな感じに。ふつうのシャツよりもすっきりとして見えます。

ジャケット／オドラント　シャツ／ユニクロ　スカート／アルアバイル　時計／カルティエ

rule_27

ドレスコードがとても厳しい会社の場合、おしゃれに見せたいならスーツを買い替えること

職場によっては、かなりドレスコードが厳しく、少しでもおしゃれ感のあるものを取り入れるのが難しい、という方もいらっしゃると思います。私はもともと堅めの業界で働いていたので、当時はP67で紹介したようなモノトーンのドット柄のブラウスでさえも取り入れるのが難しいと思っていました。「信用されなさそう」、「浮ついて見られそう」、そう思われる可能性がある服装は避けていたんです。

そこで、仕事服の制約が厳しく、かっちりとした服装で職場に行かなければならない方におすすめしたいのは、スーツを買い替えることです。単純なことに思うかもしれませんが、スーツにはジャケット×パンツかジャケット×スカートの組み合わせしかないので、形にこだわらないと途端に古く、ダサく見えてしまうのです。スーツはふつうの洋服と比べると今どき感はあまり大きく出ないですが、実は毎年ちゃんと進化しているんです。

もし、何年も前に買ったスーツを着ている方、もしこれからあげるようなスーツを着ている方がいたら、ぜひ買い替えてください。ジャストサイズ、ジャケットのウエストがキュッとシェイプされている、ジャケットの丈が腰骨より短い、スカートの丈が膝より短い、パンツがピタピタな細身シルエット……などなど。簡単に言うと、**いつまでも就職活動中の学生と同じようなスーツを着ていたら要注意**です。

スーツを買い替えるなら、おすすめしたいのはスーツ専門ブランドです。おしゃれなセレクトショップで買うという選択肢もあるとは思うのですが、職場のドレスコードが厳しい方の場合、働く場においてのルールやきちんと感などをわきまえたスーツブランドのスーツのほうが安心だからです。セレクトショップで買えるスーツは、デザイン性を重視してつくられているため、パッとおしゃれにはなれるものの、肩周りが小さくて一日中着ていると肩が凝る、おしゃれすぎて浮ついて見える、ということもありえます。もちろん、スーツブランドのスーツはおしゃれじゃない、ということではありません。ちゃんと進化していて、就職活動に必要なスーツや冠婚葬祭に必要なスーツしかないんでしょ、という思い込みを覆してくれるはずです。また、スーツブランドの店員さんは、スーツの専門的な知識があり着こなしマナーにも詳しいので、お店に行くだけでなにかしらの発見もあると思います。

最後におすすめのスーツの色の話を。**大人のスーツスタイルにいちばんうってつけだと思うのはネイビー**です。ネイビーの中でも青み、赤みが少なく、限りなく黒に近いダークネイビー。チャコールグレーもよいと思います。ベージュなどの淡い色のスーツもありますが、コーディネートのしやすさは、ダークカラーのスーツのほうが断然上。いちばん外側にくるジャケットが濃い色だと、インナーは濃くても、薄くても、どちらでも合わせやすいですから。ちなみに、黒は少し印象がキツくなりますし、ブラウンは老けて見えるので、同じダークカラーでもやめておくのが無難です。

Sayaka's voice

rule_28

あか抜けて見せたかったら脱・なんとなくロングヘア！

ロングヘアが女らしくていい、という思いから、ずっとロングヘアにこだわりがある方もいらっしゃるかもしれませんが……。**あか抜けて見せたかったら、ヘアは圧倒的に短いほうがいい**と断言します(ロングヘアの方、すみません！)。**髪を短く切るだけで、似合う服が増えます。**小顔効果もあるし、全身バランスもよくなります。洗練された印象を与えたい仕事服も、髪が短いだけであか抜けたおしゃれに見えやすくなります（もちろん、カジュアルな服も似合うものが多くなります！）。

だから、少しだけ勇気をもって、騙されたと思って、切ってみてほしいんです。もしどうしても切りたくない方は、髪の毛をタイトにまとめるだけでも変わって見えます。髪をキュッとひとつ結びにしてみたり、ウェットヘアにしてみたり……。とにかく、首回りをすっきり見せることが大事。

こう言うとスタイリストなのにと怒られるかもしれませんが……**おしゃれな印象かどうかを決める大きな要素のひとつは、ヘアスタイルにある**と声を大にしてお伝えしたいのです。

＼あか抜けて見える！／
ヘアスタイル3つのアプローチ

短く切る

会社員時代はロングヘアやセミロングというヘアスタイルを好んでいましたが、髪をボブにしてみて、短いことのよさを実感したひとりです。髪をおろすときも毛束感があるほうがおしゃれに見えるので、ヘアオイルとワックスをつけます。

コンパクトに結ぶ

洋服を着た後に、なんか重たいなと思ったら、キュッとひとつ結びにしてみてください。たちまち全身のバランスがアップして、すっきり見えます。首元が開いている服のときは、ひとつ結びにすると寂しげに見えることがあるので注意を。

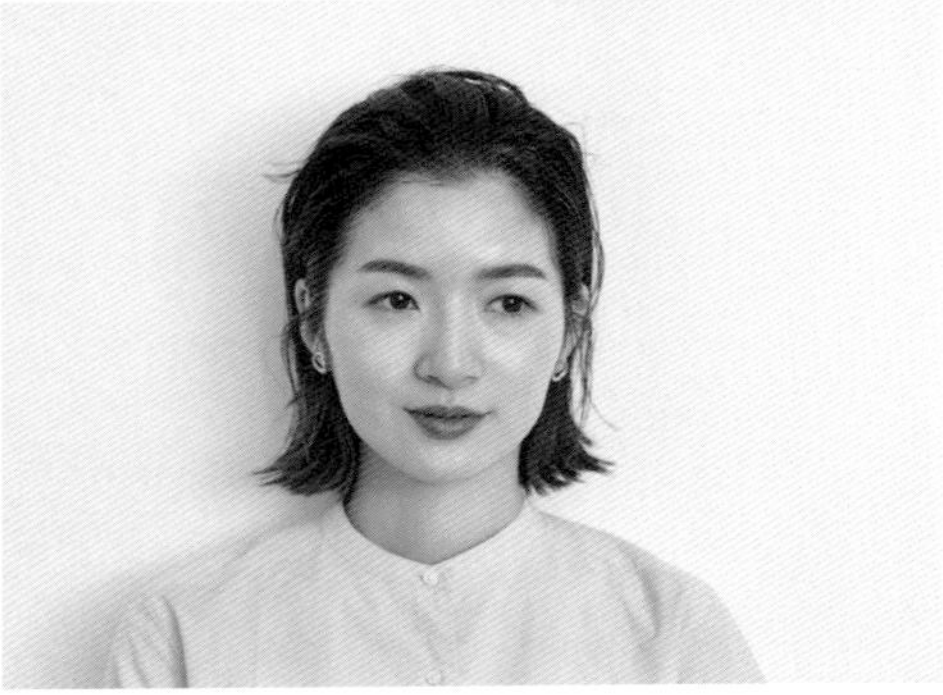

ウェットヘアにする

ふつうに髪をおろして、なんだかほっこり見えそう、なんだかぼやけた印象だと感じたら、ヘアをウェットにするアプローチもあります。私は、辛口に仕上げたいときに多用しています。

Chapter 03

Sayaka's rule

プチプラでも妥協しません！

プチプラ、セール活用術

rule_29

安いものほど、色と素材、ボタンに気をつけて

トレンドはプチプラで楽しむ、という話を耳にしたことがある人もいると思います。ですが、私はプチプラだからといって、ふだん買わないものを買うのはおすすめしません。むしろ、プチプラのショップに行って、安く見えるものを買ったのでは意味がないので、いつも以上に真剣に選ぶ必要があります。どんなに安くても、着回しやすいか、自分のワードローブになじむかを徹底的に吟味しましょう。

プチプラを買うときにいちばん大事なのは、素材を見極め、色に気をつけることです。**色が淡いものは素材の良し悪しが顕著に出てしまうので、迷ったら濃い色を選ぶ**ほうが失敗しません。コートなど厚手素材のものはなおさら素材で見た目が左右されやすいので、黒を選ぶのが正攻法。かごバッグなど、もと

もとの素材の原価が高くないものはプチプラで買ってもＯＫです。

一方、**本来の素材が高いものをフェイクでつくったシルク風やレザー風のものは避けるのが無難。**いくら上手につくるブランドが増えたといっても、やはり本物のシルクやレザーには見えませんし、耐久性にも不安が残ります。

生地だけでなく、**ボタンの素材が安っぽくないか**もチェックしてください。一般的にシャツはそこまでチープ感が出ないので、プチプラでよいシャツを見つけたと思ったのに、よく見たらボタンがおもちゃみたいだった……という失敗はよくあることです。ボタンの見極めポイントは、真っ白ではなくダークカラーやマーブルボタンであること。プチプラだと、服とボタンの色のバランスまでしっかりと考えられていないものが多いので要注意。ボタンだけ悪目立ちしてしまっているものは、やめておきましょう。

プチプラアイテムを取り入れるときの注意点は、プチプラはひとつのコーディネートにひとつまでに留めておくということ。２つ以上合わせないで。安物でない時計や本物のジュエリーなどをつけて、品よく見せるのもコツです。

ユニクロ、ザラ、GUでチェックするのはこのアイテム

rule_30

私がよく行くのは、**ベーシックなアイテムならユニクロ**。プチプラだからといって、流行りの色や形にトライするのではなく、ふだん着ているベーシックな色、ベーシックな形だけを探します。買いやすい価格なので、服が消耗してきたなと思ったら、気軽に買い直しができ、いつでもきれいな状態で着られるのもうれしいところ。なかでも、ユニクロ ユーが好きで毎シーズンチェックしていますが、Tシャツやニット、コートなど、あのクオリティがあの価格帯で買えるのは本当にすごいと思います。

今っぽさがありながら、大人が着ても浮かない服が見つかるのはザラ。**ザラのレースは高見えしてとっても優秀**です。デニムもおすすめ。今流行りの要素を取り入れたものがいち早く並んでいるので、**ザラに行けば、デニムのトレン**

ドがわかると言っても過言ではありません。1万円以下で洗練されたデニムが手に入るから、3万〜4万円の高級なものを何年もはき続けるより、ザラで1万円もしないデニムを毎年買い替えるほうがおしゃれ感を出せます。最近コーディネートがマンネリで、ひとクセアイテムで活性化させたいというときにも便利です。旅行前には、旅先で使えそうなものがないか見に行きます。

年に数回しか出番はないけれど、必ず持っておくべきオケージョンアイテムもプチプラで探すことがあります。披露宴などに着ていく服は、意外とプチプラブランドが上手だったりします。あまり着ないうちに、流行が変わり、残念ながら翌年にはもう着られなかった……となってしまうこともときにはありますが、プチプラならまぁいいかと割りきれたりもします。

わかりやすいトレンドものには手を出さないタイプですが、**GUで見つけたスポーツサンダルは、あまりにうまくできていて買ってしまいました。**絶妙なニュアンスカラーで、大人も履きやすいシンプルなデザイン。しかも値段は1990円。恐れ入りました。

rule_31

セールで買っていいのは、来年も使えるベーシックアイテムだけ！

数年前から、セールをめがけてお店に足を運ぶことはすっかりなくなりました。なぜなら、セールで買ったものって、たいてい着ないで終わってしまっていたから。値段が安くなっていることで気持ちが大きくなって、行ったからにはなにか買わなきゃと、いつもなら選ばない勇気のいるアイテムに手を出し、失敗するということを繰り返していたんです。セールで買ったはずなのに、逆に高くつく買い物をしていたと反省。以来、いつも買い物をしているお店に行って、たまたまセールだったらラッキー！　というくらいの距離感でセールとつきあうようにしています。

さて、もし、セールで買うなら何を買えばいいですか？　と聞かれたら、①

無地のベーシックカラー、②自分にとっての定番アイテム、③ずっと好きだと

思えるデザイン。この3つの条件をクリアしたものだけ。そう、セールで買ってもいいのは、飽きがこなくて、来年も使えるベーシックカラーのベーシックなアイテムだけです。そのシーズンのトレンドものをシーズン終わりのセールで買っても、息が短くてコスパが悪い。**セールは気になっていたトレンドものに手を出すチャンスと思ったら大間違い**です！　レジに並ぶ前に「これって息が長いかな？　来年も使えるかな？」と自問してください。

アウトレットへもときどき訪れます。ここで見るのもベーシックなアイテム。ふだんはなかなか手を出せないハイブランドのアイテムもチェックします。**おすすめはメンズアイテムを見ること**。ふだんメンズのショップにわざわざ入ることはないですが、アウトレットだとウイメンズコーナーとメンズコーナーがフロア続きで展開されているショップも多いので、フラッとメンズコーナーをチェックできます。メンズのいちばん小さいサイズは意外と残っているので、掘り出し物に出合えることがあるんです。私はプラダのニットを発掘したことがありますよ。上質でシンプルなものを見つけられる場所です。

rule_32

大人にかわいさは必要ない！

正直に辛口に言います。30歳を過ぎた大人には、外見的なかわいさは必要ないと思っています。クシャッと笑ったときの顔がかわいらしいとか、性格がかわいらしいというのはいいと思いますが、それは内面から滲み出るもの。小さな女の子が着ていて「かわいい」と思うような、ピンクの服やリボンの付いた服を大人が着ているのでは、〝痛い人〟だと思われてしまうことを自覚しなければなりません。大人になったら目指したいのは「素敵ですね」「品がありますね」と言われるような、年齢にふさわしい着こなしです。

実年齢にふさわしい服装をしていないということは、人として子どもっぽく扱われてしまうことにも繋がると思っています。甘すぎる見た目は、そこからまねく印象や信頼感などからいっても、大人にとってプラスになることはあまりありません。甘くてかわいらしいファッションが好きな人に、いきなり辛口の着こなしをしましょうとは言いませんが、たとえば、フワッとしたブラウスに、フワッと広がるスカートを合わせているなど、全身が甘くかわいくなりすぎていないかチェックしてみましょう。甘いブラウスを着るなら、ボトムはシャープで直線的なパンツにしてみる、それだけでも随分変わって見えると思います。

Chapter 04

ここを適当にするとすべてが台無し！

Sayaka's rule

スタイリスト流のコーディネートの組み立て方

rule_33

コーディネートは上半身から決めていくとスムーズ

コーディネートを考えるときは、いつもシャツやニットなどのトップス、ジャケットなどのはおりもの、つまり上半身に身につけるアイテムから決めていきます。なぜなら、単純に**ボトムよりもトップスのほうが、選択肢が多いので、その日の予定やコーディネートのゴールに合わせたアイテムを選びやすい**から。

きちんと見せたいからジャケットやシャツを着よう、華やかに見せたいからブラウスを着ようというふうに、最初に手に取るアイテムって、上半身のもののことが多くないでしょうか。また、ボトムは私にとっては、着こなしの土台になるアイテム。トップスが決まったうえで、それを着たときのバランスを整えてくれるものです。だから、トップスやはおりものから決めていきます。

コーディネートのスタートとなるアイテムが決まったら、それに合うアイテムを上から下へと考えます。先に洋服をすべて決めてしまってから、最後に小物を合わせていくのがＭＹルールです。

次のページからは、実際に私がコーディネートを完成させていく全工程を紹介しています。違いは本当に微差なので、「どっちでもいいじゃん」と思うところもあるかもしれませんが、わかりやすいトレンドアイテムに頼らず、ベーシックでシンプルな服をあか抜けて見せるためには、どれも大事な項目です。

私自身、ようやく着比べなくてもわかるようになった部分もありますが、全身鏡でしっかりと確認をせずに、コーディネートしてそのまま家を出てしまった日には、「あっ、この組み合わせ失敗しちゃった」ということがいまだに……。打ち合わせと打ち合わせの隙間時間で自宅に帰って着替えた苦い経験もあります。ですので、面倒だと思わずに、ぜひ全身鏡の前で実践してほしいのです。

この組み合わせはＯＫ、これはちょっと違う、という感覚は一度身についたら一生もの。一生ものの服はなくても、自分の感覚さえあれば、それでいいと思うんです。

コーディネートの
セルフダメ出しはこうやる！

今日のコーディネートのゴール

先輩と久しぶりに会う日。
ジャケットは着たいけれど、堅苦しくはしたくない。

仕事ではないけれどきちんと見せたい。Vカラーではなく、テーラードジャケットをまず選びました。これをコンサバに見せずに、おしゃれに仕上げるには、どうすればいいのか取捨選択していきます。

☑白Tシャツではかっちり見えすぎるので、ボーダーで遊ぶ

ジャケットを
ラフに着たくて

ボーダーカットソー

ボーダーでカジュアル感をプラス。直線がアクセントになり、ビッグシルエットのジャケットも引き締まって見えます。

お仕事で
着たい人はOK！

白Tシャツ

ジャケットをきれいめに着たい場合はこの組み合わせでも問題ないのですが、今回はコンサバに着ないのが目的なので。

☑ジャケットをはおった状態で、ボトムをはき比べ

○ 長めジャケットと好バランス

△ ジャケットとデニムのバランスが悪い

△ 少しカチッとしすぎ

ワイドデニム

ジャケットとワイドデニムのボリューム感がちょうどいい。全身のAラインシルエットとハイウエストで脚も長く見えます。

テーパードデニム

大きめサイズのジャケットに、タイトで裾すぼまりのデニム。逆三角形のシルエットが古くさく見えてしまいます。

きれいめパンツ

ボーダーでカジュアル感を加えたけれど、落ち感のあるパンツだと、イメージよりも少しきちんと仕上がりすぎました。

☑靴も実際に履いて、鏡の前で全身バランスをチェックします

○ デニムとブーツの重さバランスがちょうどいい

△ パンプスが華奢すぎてバランスが悪い

△ ワイドデニムなのでバランスアップしたい

チャンキーヒールのブーツ

太めのシルバーヒールが装いのアクセントに。ヒールで底上げされているからバランスよく見えます。

ポインテッドトウのパンプス

ヒールの高さは欲しいけれど、ワイドデニム×ピンヒールは古くさい印象に。ブラウンの色みも浮いて見えます。

フラットシューズ

合わせ的にNGではないけれど、デニムにボリュームがあるため、身長154cmの私はヒールに頼りたいところ。

バッグも、コーディネートによって毎日替えます

スタッズ付きがデニムを辛口に

フリンジ付きバッグ

スエードの素材感やフリンジ、スタッズがアクセントに。ボリュームある服に対して、バッグの小ささもバランスよし！

ボーダー×かごがほっこり見え

かごバッグ

ボーダー、デニムというカジュアルなアイテムを着ているので、かごバッグだとカジュアルになりすぎてしまいました。

黒レザーがかしこまりすぎ

黒のスクエアバッグ

バッグが重くて悪目立ち。バッグの黒、ボーダーの黒、ジャケット袖裏の黒。黒の分量が多くて、キツイ印象です。

☑ジュエリーは全体の印象の調整役です

ジャケット×パールがエレガントすぎ

パールネックレス

ジャケットやボーダーに合わないわけではないけれど、ボトムがデニムなので、首元だけエレガントでチグハグな印象です。

ベーシックな服のアクセントに

Y字ネックレス

服がシンプルなので、これくらいデザイン性の高いジュエリーのほうがおしゃれに。縦のラインも強調され、すっきり見えます。

Finish!

程よくきちんと感のある休日おでかけスタイルが完成

ジャケットがコンサバに見えないように、微調整しながらできあがったコーディネート。上半身にポイントをつくるボーダーや、ハイウエストのデニムのおかげで、コンプレックスである小柄でもバランスよく見えるように。

ジャケット／エーピー ストゥディオ　ニット／ノット　デニム／アッパーハイツ　バッグ／ジェイアンドエムデヴィッドソン　靴、ネックレス／セリーヌ

rule_34

ベースカラーを決めて計算された小物選びを

なにも考えないでベーシックカラーを着ると、地味に見えたり、おしゃれに決まらなかったりします。そこで、まずは自分の軸となるベースカラーが何色かを知り、それに合わせて小物を選ぶことをおすすめします。

ベースカラーになるのは「黒」「ネイビー」「グレー」「ベージュ」の4色あたり。自分のワードローブを見返して、いちばん目につく色をベースカラーにしましょう。ベースカラーが決まると、自分が持っておくべき小物の色がわかり、買い物やコーディネートがスムーズになります。

小物の色を選ばないのが「黒」がベースカラーの人。ブラウンでもグレーでもネイビーでも、たいていの色の小物を合わせられます。「ネイビー」がベースカラーの人は、ネイビーが青みを含むので、青みのあるグレーの小物がなじみます。青みをもつ寒色系の小物も間違いありません。黒や白の無彩色もOK。反対に避けるべきは、ブラウンなど青みとは正反対の赤みをもつ色。グレーも青みを含む色なので「グレー」がベースカラーの人も、基本的には「ネイビー」と同じ考え方でOK。ですが、グレーは曖昧カラーでもあるので、同じ仲間のグレージュやベージュなどの小物を合わせてしまうと、全身がぼやけた印象に。「ベージュ」がベースカラーの人は、同系色のブラウンやキャメルを揃えておくと、統一感のある装いが叶います。

Chapter 05

Sayaka's rule

目のつけどころがわかれば買い足し上手に！

失敗しないアイテム選びの極意

rule_35

ベーシックアイテムでも一生ものはない！長く着られる服を見極めるコツ

繰り返しになりますが、シャツやTシャツなど、**どんなにベーシックなアイテムでも、一生着られる服はありません。**シンプルでベーシックにおしゃれでいたいと思ったら、ベーシックなアイテムを数年おきに更新していくしかありません。そして、この更新どきは、1年できてしまうのか、はたまた5年くらいはこないのか……。そればかりは、時代の空気感と流行次第なので、あらかじめ「いつですよ」、とだれも教えてはくれません。ただ、あっという間に着ない服になりがちなものと長くスタメンでいられる服を見極めることはできるようになります。

次のページからは、15のアイテムについて、**購入するときはどういうところに気をつけて選ぶと、失敗しないいか**について説明しています。正直にいうと、一生もののアイテムはないから、数年後にこれらの写真を見たら、古くさいと感じるかもしれません。

ですが、できる限り、その更新どきがきて新しいアイテムを選ぶときにも役に立つよう、基本的な選び方、目のつけどころを紹介しています。また、今どんなアイテムを選べばよいか、しっかりと理解しておくことで、これから時代の空気感が変わっても、自分に必要なアイテム選びができるようになります。

「シンプルなのにおしゃれに見える秘訣って？」と聞かれることがよくありますが、いろいろ考えていくと、結局はこの、アイテム選びがすべてだと思うくらい、私は大事にしているパートです。自分のスタイルがわかったうえでこのアイテム選びができるとさらに失敗がなくなるので、P15で紹介したような方法で、ぜひ自分らしさを探してみてくださいね。

ちなみに、15アイテム紹介していますが、全部買い替える必要はありません。この中でひとつでもいいですし、上下どちらかだけでもいいですよ。

standard item *01* 「Tシャツ」

rule_36

カジュアルなアイテムだから、素材やシルエットが上質できれいめなものを選ぶ

左から：Tシャツ／オーラリー　Tシャツ／ドリスヴァンノッテン　Tシャツ／デミルクス ビームス

Tシャツはそもそもカジュアルさやラフさがもち味のアイテム。そして私たち大人は、Tシャツを着て自分を元気な感じに見せたいわけではなく、カジュアルなTシャツを着ることで、着こなしに抜け感を加えたい。だからこそ、大人っぽく見えるものを買うのが鉄則です。ゴワゴワした素材、ポケット付き、大胆なロゴ入りなど、Tシャツのカジュアル度をより高める要素をもつものには手を出さないのが賢明です。**上質で目の詰まったスーピマコットン、シルクのような微光沢感のある素材、繊細な細リブ**など、素材で厳選するとよいでしょう。今っぽい要素という視点で話をすると、袖が長めの五分丈、ほんの少しだけ体が泳ぐシルエット、極端にドロップショルダーではない——。この春夏から、こんな要素のTシャツが今の定番になりました。

では、これらの基準を満たすTシャツの中で、自分にはどれが必要なのか。その答えを見つけるには、**Tシャツをどう着たいかを考えてみて**ください。ボトムにタックインして着るなら、もたつかないように長すぎない丈に。細身パンツにインせずに着たいなら、ヒップ下までのTシャツを選びましょう。

standard item 02 ——「長袖カットソー」

rule_37

あえてシンプルすぎないデザインで〝主役を張って〟もらう

左から:カットソー/ザニューハウス　カットソー/ソシエンティフィンチ

先ほど紹介したTシャツは、一枚で着ることもありますが、インナーとして活用することの多いアイテムです。一方、長袖カットソーは、レイヤードせずに、これ一枚で着ることの多い主役アイテムです。ワントップス×ワンボトムの時期には、上半身はカットソー一枚で勝負しなければなりません。だから、シンプルすぎるデザインよりも、**主役としての華をちゃんともっているもの**を選ばなければならないのです。

もしなんの変哲もない、ジャストサイズのシンプルなカットソーを選んでしまったら、デニムと合わせるとまるで部屋着のように……。かといって、ボリュームのあるフレアスカートと合わせてもアンバランス……。

だから、私が選んでいるのは「これ、ものすごく袖が長い！」「異素材のリボン付き?」と意外性があって、少しだけクセのあるカットソーです。これくらいのデザイン性があれば、シンプルなボトムと合わせても地味になりません。もちろん、デザインで遊ぶので、色は控えめなベーシックカラーに抑えておくのも大事です。

standard item *03* 「シャツ」

rule_38

着回しやすいのは、ハリのあるスタンドカラーと、とろみのあるニュアンスカラー

左から：シャツ／アングリッド　シャツ／バッカ

私が**シャツを買うときに大事にしているポイントは、着回し力**です。シャツ一枚で着るだけでなく、冬はインにタートルを着たり、夏は水着の上からはおったり。丈が長めのシャツなら、前ボタンを外してはおりものとして着られるなど、使い勝手のよさがないと買いません。

さて、大人が使いやすいシャツは2種類あります。ひとつめは、とろみシャツです。私が愛用しているのは、写真左側のブラウンのもので、リヨセル素材。**アイロンの手間がいらない**ですし、とろみ素材だからインにマットなタートルニットを着ても決まります。旅先では水着の上からはおることも。活用の幅が広いのが便利です。２つめは、ハリのあるコットン素材のスタンドカラーシャツ。アウトして着ることを前提に、しっかり長さがあるものにしています。年齢を重ねるとともに、シャツをボトムにタックインするスタイルが合わなくなってきたので、**裾を出して着られる**長さが安心です。

シャツの更新どきの見極めは「衿」になります。**シャツは衿の形に古さが出やすい**んです。今なら、小さめの衿やスタンドカラーがベストです。

standard item 04 「ニット」

rule_39

自分がどう着たいかによって選ぶシルエットが変わる！

上から：ニット／オーラリー　ニット／スローン

ゆるっと着たいのか、カチッと着たいのかによって、ニットを選ぶことをおすすめします。**ゆるっと着たいなら、ミドルゲージでドロップショルダーのニットを。カチッと着たいなら、少しだけ体が泳ぐくらいの余裕があるハイゲージのニットを。**

どちらかのタイプのニットしか持っていない人が多いと思うのですが、まったく異なるタイプのニットをそろえておくことで、着こなしの幅が広がります。2タイプの編み方、ゲージでそろえておくのも大事なポイント。

ネックラインは、Vネックや深めのUネックなどが人気だった時期もありますが、今は**クルーネック(丸首)がいちばん使いやすい**と思っています。はおりものを着たときに、首元のバランスにいちばん悩みませんし、首元が詰まっていたほうが、きっちり感が出ると思います。私のような小柄タイプも、Vネックよりもクルーネックのほうが間延びせず、バランスよく見えるんですよ。

首元の開き具合以外には、袖口のリブの長さ、肩の位置がジャストかドロップショルダーか、というところにも時代の空気感が現れます。

standard item **05** 「スカート」

rule_40

サイドスリット入りのIラインシルエットなら トップスも靴も選ばない！

左から：スカート／ドゥーズィエム クラス　スカート／デミルクス ビームス

トップスとのバランスが取りやすく、フラットでもヒールでも靴を選ばず、万能に活躍するスカートは、Iラインシルエット&サイドスリット入りのタイトスカートです。サイドスリットが入っていることで、スカートの裾がすぼまって見えないため、Iラインが強調されてすっきり見えます。また長めの着丈でも重く見えません。

コーディネートするうえでも、スカートがIラインであることは、メリットしか思い浮かびません。ゆとりのあるサイズ感のニット、ビッグシルエットのアウター、袖が長いカットソーなど、上半身にボリュームがくるアイテムが今は多くなっているので、**ほっそりとしたスカートが受け止め役にぴったり**です。

最後に、**スカートの今どき感は着丈に出ます。**今は長めの膝下丈が新定番になったので、数年前まではいていた膝丈や膝上丈のスカートを今見ると、こんなに短かったの?と驚くほど。もし、今はどの着丈が正しいのか疑問に思ったら、ショップに足を運ぶと正解が見えてきます。店頭に並んでいる着丈は今のムードをまとったものばかりなので、自分のものと比較してみてください。

standard item 06 「パンツ」

rule_41

きれいめのパンツは、落ち感のある
セミワイドのストレートがあればいい

パンツ／ロク

パンツは着こなしの土台になるアイテムなので、年じゅうはけて、どんなトップスにも合わせやすいものを選びます。カジュアルなボトムはデニムに任せるので、こちらのパンツは、きれいめにはけるものという視点で選びます。

きれいめのパンツというカテゴリーで考えると、九分丈の細身のパンツは今では少し鮮度が足りないし、ハリのある素材のワイドパンツは下半身が重く見えてしまいます。今なら落ち感のある素材の、**太すぎず細すぎないセミワイドパンツがちょうどいい**と思います。フルレングスなら、どんな靴にでも合わせやすいですし、フロントにワンタックがあることで、気になるお腹周りをカモフラージュしてくれます。最近は、ウエストゴムのパンツも多いですが、タックインをして着る場合があるなら、ゴムではないものを選ぶと、後ろ姿もきれいです。

パンツはとにかくサイズ選びが命。いつもよりワンサイズ上げるだけで、パンツのシルエットが格段にきれいに見えることがあることを頭に入れ、Ｐ39～に書いたとおり、２サイズの試着を徹底してください。

standard item 07 「デニム」

rule_42

時代感が一番出やすいのがデニム。今ならダメージ加工のない大人顔タイプが正解

左から：デニム／カレンソロジー　デニム／ザラ

洋服の中で唯一、私が毎年買い替えようと決めているのがデニムです。トレンドの服は毎シーズン買っているけれど、デニムは3年前から同じものをはいているという人はいませんか？　いくら今っぽいトップスと合わせても、デニムが古いとおしゃれに見えないんです。デニムほど、その時代の空気感でシルエットや色みが大きく変わってしまうものはありません。デニムほど、少しでも古いものをはいていたら、〝古くさく見える感〟が強いものもありません。

私が今愛用しているのは、**墨黒とベージュの色落ち感のないもの。**脚の形を拾わない余裕がある、**太すぎないストレート**。もし、ダメージ加工が施されたもの、部分的に色が落ちているもの、グリーンがかったブルーデニムがクローゼットに入っていたら、更新するべき。もう昔のデニムです。

トレンドに関係しない、デニムの基本的な選び方は、苦労しないとボタンが留まらないくらいキツイものはNGということ。頑張ってはくのではなく、素直にスムーズにはけるものを選びましょう。あまりストレッチが効きすぎていないほうが、体のラインを拾いすぎないのでおすすめです。

standard item 08 「ワンピース」

rule_43

女性らしいアイテムだからこそ
マニッシュな色や柄に

左から:ワンピース／サイ　ワンピース／イレーヴ

ユニセックスで楽しめる服がたくさん出てきている中で、ワンピースは女性らしいアイテムのひとつ。女らしいアイテムだからか、ワンピースを着ると、つい少し張り切ったドレスアップ感が出てしまいます。気軽にワンピースを楽しみたいから、私はあえてメンズっぽい要素のあるものを選びます。

写真右のくすみブルーのワンピースは、この色みがメンズライク。シャツのようなパリッとした素材感もメンズ風ポイントです。写真左のベージュのワンピースは、シャツタイプでトラッドなチェック柄です。シルエットは、甘さ控えめなIラインが着やすくておすすめ。**マニッシュな色みでIライン**。このポイントさえしっかりと押さえておけば、袖はノースリーブでも、半袖でも、長袖でもOKです。

ワンピースは一枚で着るだけでなく、レギンスやデニムとレイヤードしても着られ、どのシーズンにも役立つので、必ず膝下までの長め丈を選んでおくのが正解。ワンピースの丈が短いと、レイヤードもバランスが難しい。サイドにスリットがあるとさらにボトムと合わせやすくなります。

standard item 09 「ジャケット」

rule_44

大人カジュアルを格上げする、長め丈のテーラード

ジャケット／エーピー ストゥディオ

P68で紹介したVカラーのジャケットは、きれいめの服装を今っぽく仕上げてくれるアイテム。もし私が会社員だったら、Vカラーのジャケットを軸にしていたと思います。今、私がジャケットを着るのは、デニムなどカジュアルなアイテムを大人っぽく仕上げたいとき。Vカラーのジャケットは、カジュアルアイテムとは差が出すぎてしまうため、長め丈のテーラードジャケットを選びました。

さて、ジャケットを仕事ではなく、デイリーに活用したい場合の選び方です。デイリーに使うジャケットは、カチッと見えすぎないことが大事。ネイビー、黒では、日常使いには少し堅苦しさがありますし、軽やかなおしゃれ感を出しづらいです。チェック柄のジャケットも便利そうですが、コーディネートが難しい。おすすめは、**キャメルやブラウン系のジャケット**です。ブルーデニムにも合いますし、墨黒のデニムともしっくりきます。

それこそ永遠の定番のイメージがあるテーラードジャケットですが、意外と時代感が出やすいアイテム。今はヒップ下までの長め丈がおすすめです。

standard item **10** 「ブルゾン」

rule_45

ひとつ持っておくと、着こなしの幅を グンと広げてくれるマニッシュアウター

左から：ブルゾン／エーピー ストゥディオ　ブルゾン／イエナ

甘い格好が好きな人こそ、持っていると着こなしの幅を広げてくれるのが、マニッシュなブルゾン。甘い着こなしにこれをはおるだけで、たちまちこなれて見せてくれるんです。いい意味でコーディネートに意外性を生んでくれます。私のなかでは甘めのスタイルのとき、たとえば、フェミニンなワンピースやスカートをはくときに頼りにしています。

実は、写真のブルゾンが私のワードローブのスタメンに仲間入りをしたのは最近のこと。これまでも持っていたことはあったのですが、うまく着こなせずにいました。あるとき、右のブルゾンを試してみたら「あれ、これすごく使える！」と衝撃を受けて……。これまでうまく着こなせなかったのは、ジャストサイズだったことが原因だと気づきました。**体が泳ぐ大きめのサイズなら大人の女性らしさをキープしたまま、意外性を足すという働きをしてくれます。**それゆえ、サイズ選びが重要。自分の体よりも少し大きいかなと思うくらいのものを選んでください。若者ブランドやカジュアルが得意なブランドよりも、大人っぽい服が得意なブランドで探したほうが取り入れやすいと思います。

standard item 11 「コート」

rule_46

淡いベージュのステンカラーが長く使えて、合わせるものを選ばない

コート／マディソンブルー

写真のようなコットンのコートは、真冬以外の春や秋と長い期間着られます。春や秋は、透け感があるワンピースや、淡い色のトップスなどの上に着ることを考えると、**重たく見えない淡いベージュがいちばん使えます。**黄みのあるベージュは中に着る服の色を選ぶし、カーキや玉虫色もコーディネートしづらい。白っぽいベージュがベストです。

一方、冬になると身につける洋服の色も、ダークになったり、こっくりした色になるため、ダークカラーのコートが重宝します。コートの素材に重量感が出てくるので、冬は淡い色のコートよりも、濃い色のコートのほうが着ぶくれしにくいというメリットもあります。

どちらの時期のコートを選ぶときも重要なのは、コート自体、面積が大きくて着丈の長いアイテムだから、広がって見えるものを選ばないこと。また自分の実際の**ウエスト位置よりも高い位置にベルトループがあること**も大事です。袖は、ドロップショルダーがおすすめ。加えて、アームホールが大きめだと、インに着るアイテムを選ばないので、ヘビロテできる一枚になります。

standard item 12 「ストール」

rule_47

クルッと巻くだけでおしゃれに見える
正方形を選ぶとラクになる！

ストール／ともにドゥースグロワール

ストールの巻き方って難しいですよね。歩いているとほどけてきたりすることもあって面倒に感じてしまうことも……。私も、ニットとコートなど装いがボリューミーになる時期は、どうあしらうのが正解なのかわからなくなっていました。

そんなストレスをスルリと解決してくれたのが、このストールです。**長方形ではなく、正方形で全周にフリンジが付いているものです。**

巻くときは、正方形を対角線で半分に折り三角形をつくったら、両角を持ち首の後ろで交差させるだけ。いわゆる、アフガン巻きと呼ばれている巻き方。たったこれだけで、おしゃれに見えます。フリンジもランダムな動きをつくってくれ、おしゃれ上級者風の着こなしに。それ以外の巻き方を考えなくていいので、本当にラクチン。長方形ほど長さが余ることなく、コートの上から巻いてもゴワつかないし、すぐにほどけてしまうこともありません。

長方形のストールがうまく使いこなせないという方は、ぜひ正方形のストールを探して試してみてください。

standard item 13 「バッグ」

rule_48

コーディネートが物足りないとき、調整役になるバッグを選びます

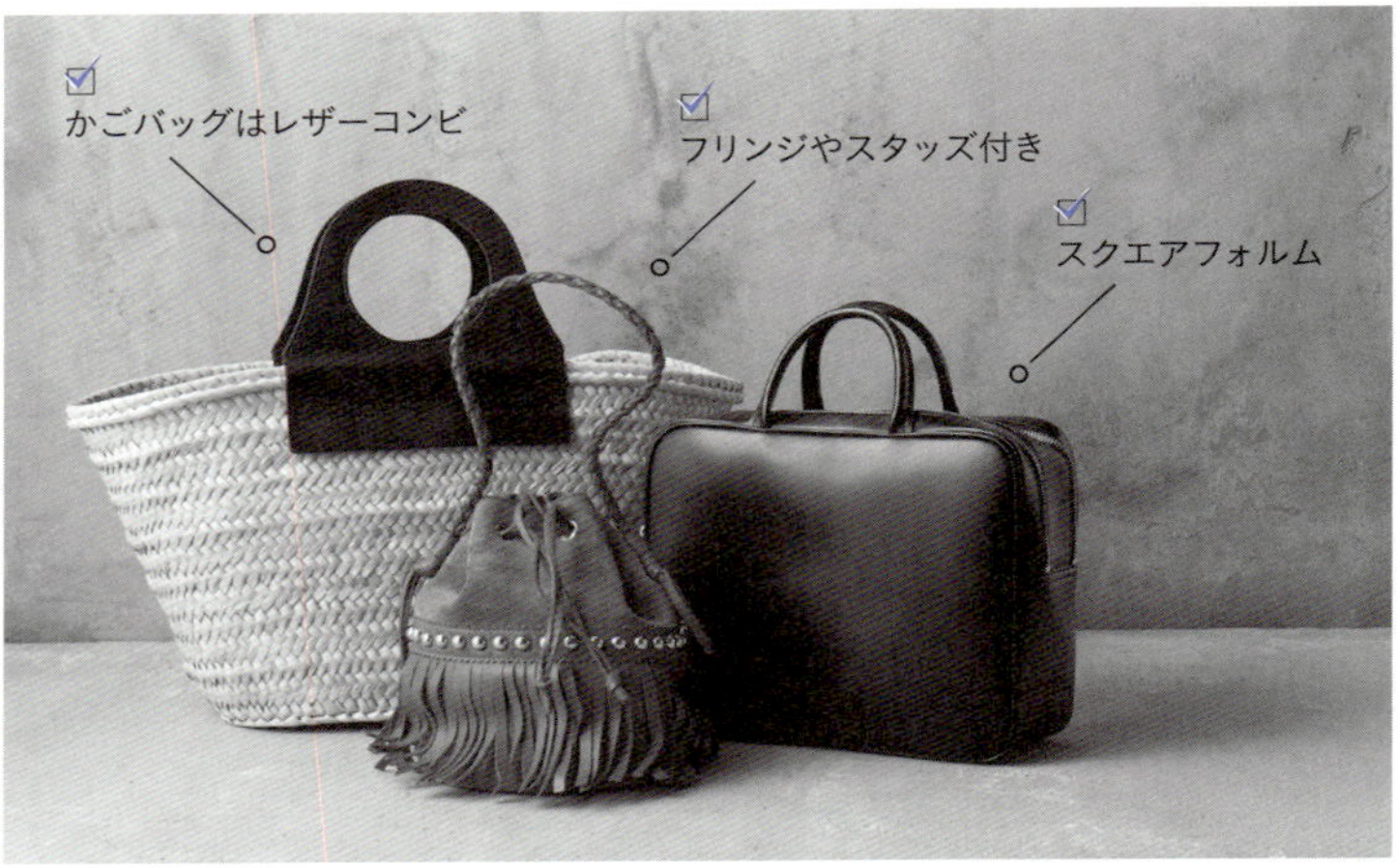

写真上左から：バッグ／ヘリュー　バッグ／ジェイアンドエムデヴィッドソン　バッグ／コムデギャルソン　写真下左から：バッグ／シンゾーンで買ったルイ・ヴィトンのヴィンテージ　バッグ／グッチ

私がその日持つバッグを決めるのは、洋服のコーディネートがすべて終わったあと。服装をどういう方向にもっていきたいかによって、合わせるバッグが決まります。ですので、ひとつひとつにしっかりとした役割のあるバッグしか買いません。洋服のコーディネートを全身鏡でチェックして、何か物足りないなと思ったとき、わざわざ洋服を着替えなくても、それを加えるだけでそのコーディネートをＯＫに仕上げてくれるバッグです。

洋服をもっと辛口に見せたいとき、ぼんやりした色の**洋服を引き締めたいときは、黒のスクエアバッグ**を。コーディネートがのっぺりして見え、**地味でつまらないときは、フリンジやスタッズの付いた存在感のあるバッグ**を。コーディネートがガチガチに決まりすぎているときは、**抜け感をつくるかごバッグ**を。そんなふうに使いわけています。

ハイブランドのモノグラムバッグはヴィンテージで探すことをおすすめします。使い込んだクタッと感があることで、ハイブランドならではの存在感が軽減され、ふだんのコーディネートに投入しやすくなります。

standard item 14 「靴」

rule_49

サンダル、バレエシューズ、ブーツ。
靴はこの3タイプがあれば乗りきれます！

左から：靴／ピッピシック　靴／ポルセリ×アーペーセー　靴／セリーヌ

靴は、目的の違う3タイプをそろえておくと、どんな服にも合わせることができます。バーサンダルは、直線的なデザインが特徴で、ヒールが高くてもセクシーな印象にならないのが魅力です。私はパンツ派なので、足元に抜け感を加えたいときに履きます。また、スカートをはくときでもコーディネートが女っぽくなりすぎないように調整してくれます。

バレエシューズは、写真のような甲が深すぎず浅すぎないものを。ひと昔前は、足の指のつけ根が見えるくらい浅いものがいいと言っていましたが、それだと今ではコンサバすぎ。反対にモードな甲深シューズでは、重く見えてしまうときもあります。これなら、どんなボトムにもマッチします。

存在感のあるシルバーヒールのブーツは、コーディネートが寂しく見えるときに加えると大きな効果を発揮してくれます。これがあるから、シンプルな服もサマになるんです。

靴はこの3タイプで十分と思うほどで、バーサンダルとバレエシューズは色違いで、ブーツはヒールの高さ違いでそろえています。

standard item 15 「ジュエリー」

rule_50

スキンジュエリーでは弱すぎ。強そうなボリュームジュエリーが大人には必要

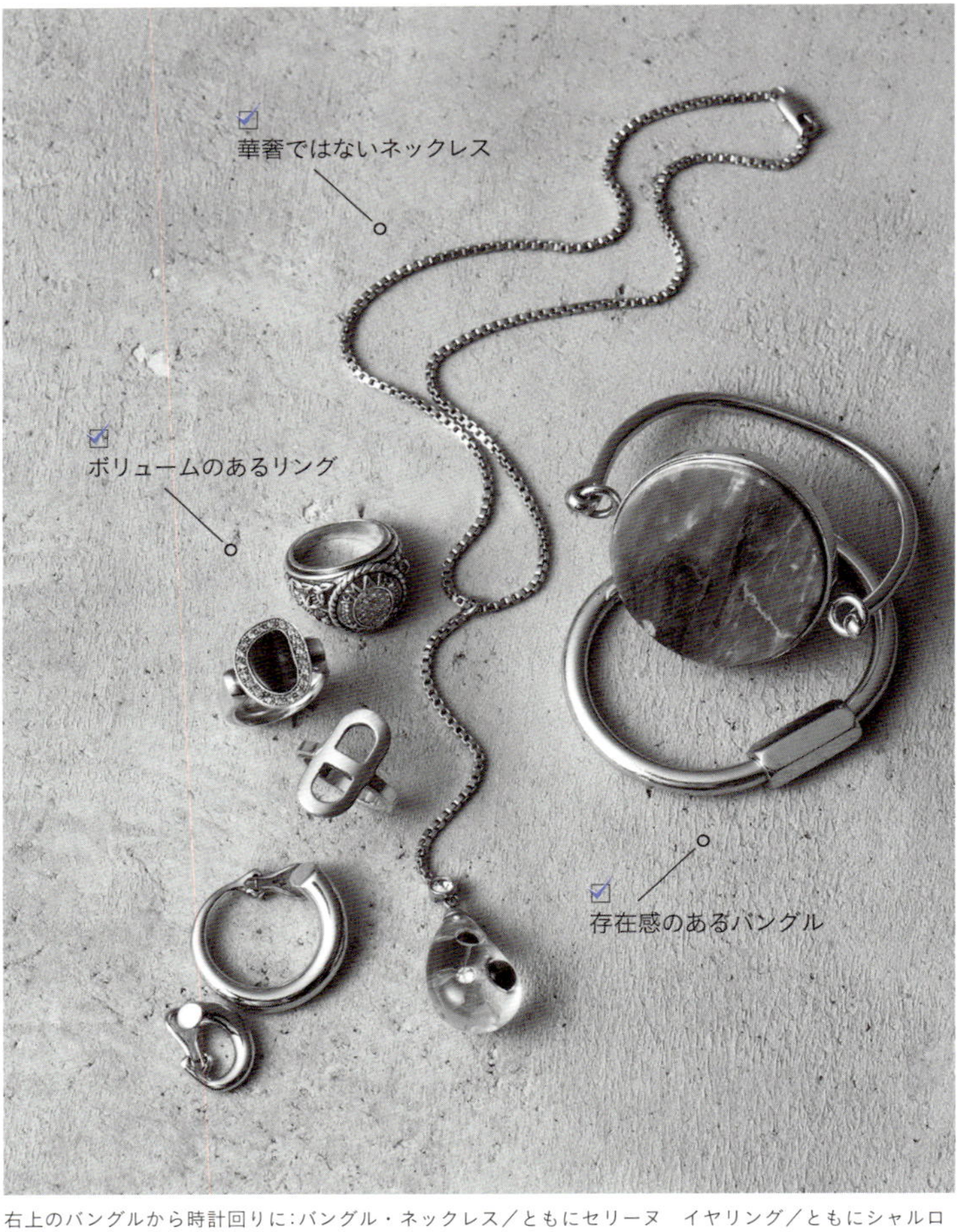

右上のバングルから時計回りに：バングル・ネックレス／ともにセリーヌ　イヤリング／ともにシャルロットシェネ　リング／エルメス　リング／ハム　リング／ドゥジャガー

正直に白状しますが……肌と一体化するような華奢なスキンジュエリーには、おしゃれに見せる力はないと思っています。大人がジュエリーをつけるなら、それなりの働きを見込めるものしか必要がないと思っているのです。

私は洋服がシンプルで、色もベーシック。わかりやすいトレンドものやデコラティブな服を着ない代わりに、唯一盛り上げ役を務めてくれるのが、ジュエリーです。だから、**辛口で存在感があって人と被らなそうなデザイン**を選びます。

こんなジュエリーの効力に気づいたのは、セリーヌのバングルに出合ったことがきっかけ。構築的なフォルムでユニセックスな雰囲気をもったゴールドのバングル。シンプルな服を着ていたのに、そのバングルをひとつつけるだけで、装いがパッと今っぽく見えたんです。コーディネートが引き締まって見えたとでもいいましょうか。

ひとつひとつに存在感があるぶん、一度にたくさんつけてしまうと、〝家にあるものをぜんぶつけてきました感〟が出てしまいます。つけるときのバランスにも気を配ることが大切です。

おしゃれ迷子からの脱却

Column

rule_51

服をきれいに着るためには、インナー選びが肝心です

これだけ洋服について熱く語ってきましたが、まず服をきれいに見せるためには優秀な下着が必要だと思っています。ブラとガードルで、バストやヒップを、正しい位置にもってくると、ストンとしたワンピースもきれいに着られます。ガードルをはいてからデニムをはくと、ヒップラインも全然違うから、一度はくと手放せなくて、365日身につけているほど。

写真左のブラタイプは、背中が開いたトップスを着るときに。背面にホックがなく直線的なためいやらしく見えません。ブラパットつきのキャミはパットを取ってブラの上から着るとスタイルアップ効果が。

インナーウェア／すべてスープレルース

Chapter 06

Sayaka's rule

身長154cm
だからずっと
こだわってきた！

小柄でも
バランスよく
服を着る方法

rule_52

小柄だから似合わない！と諦めなければならない服はありません

私は背が低いからといって、諦めなきゃいけない服はほぼないと思っています。着こなし方や選び方さえ気をつければ、チャレンジできる服はたくさんあります。ウェブマガジン『ミモレ』で小柄向けの特集を担当したとき、小柄な読者さんから寄せられた質問を拝見して、ワイドパンツへの苦手意識が高いことに驚きました。私自身がパンツ派ということもあり、ワイドパンツはヘビロテしているボトムのひとつ。……けれど、よくよく思い返してみれば、納得するワイドパンツに出合って、納得するバランスではけるようになるまでは、たくさん失敗してきました。私がワイドパンツをうまくはけるようになったのは「タイプの絞り込み」をすればいいと気づけたからです。

では、どのようなタイプに絞り込むかというと、とろみ素材です。ハリのある素材のワイドパンツでは、ワイドなシルエットが目立ってしまって、小柄な体に対して、パンツの存在感が強くなりすぎてしまうんです。ワイドパンツに着られている感じとでも言うのでしょうか。**とろみ素材だと、ワイドでも体のラインに沿ってストンと落ちてくれるので、体になじんでくれます。**センター

プレス入りなら、なおすっきりと見えていいですね。

「着こなしのバランス」もしっかり考えておきたいポイントです。ひとつめのポイントは、**トップスとボトムでシルエットに強弱をつけること**。小柄には難しいと思われがちなビッグシルエットのトップスも、細身のボトムを合わせればOK。シルエットにメリハリがあることで、服に着られているように見えません。ワイドパンツやマキシスカートなど、ボリュームのあるボトムは、コンパクトなトップスを選べばOK。短い上半身、長い下半身が強調され、小柄でもすらりと見せてくれます。「着こなしのバランス」で2つめのポイントは、コントラスト配色にすること。たとえば、黒トップスと淡いベージュワイドパンツのように、**トップスとボトムの色の差が大きいほうが、全身がすっきり見えます**。ワイドパンツにボリュームがあるので、全身を淡い色でまとめてしまうと、ぼんやりとした印象になってしまうんです。

こんな少しの工夫をするだけで、自分の着たい服を着られて、満足できるおしゃれができるってうれしいですよね。

ボリュームのあるスカートにはコンパクトなトップス

上半身を短く見せれば、マキシスカートだってはけます。ワイドパンツと同じ考え方なのですが、マキシスカートもボリュームが出すぎない落ち感のある素材がおすすめです。

カットソー／ザラ　スカート／コル ピエロ　靴／ポルセリ　時計／カルティエ　イヤリング／シャルロットシェネ

ビッグシルエットのシャツに細身のパンツを合わせて

ゆるっとしたシルエット＆スタンドカラーの長め丈のシャツ。細身のパンツを合わせてすっきりと。白シャツ×イエローのカラーパンツでコントラスト配色にしています。

シャツ／ゲミニー　パンツ／イッツインターナショナル　バッグ／トーヴ　靴／ピッピシック　時計／カルティエ

rule_53

〃メルヘンおばさん〃にならないためにも小柄は辛口な着こなしがいいんです

身長が低いということは、それだけでかわいらしく幼い要素をもっているということ。しかも私の場合は、丸顔で童顔ということも加わり、子どもっぽく見られることも……。年齢を重ねて体に丸みが出てきたことも後押しして、このままいけば〝メルヘンおばさん〟になってしまうかもという恐怖心が出てきました。〝メルヘンおばさん〟とは、大人になっても、甘くて、ふんわりしていて、まろやかな、締まりのないコーディネートをしているような人のこと。自戒の意味も込めて、そう呼んでいます。

このままではマズイと工夫を重ね、行きついたのが辛口な着こなしでした。辛口な着こなしとはたとえば……、洋服はベーシックな色をメインにする、黒を多用する、全身を淡い色だけでまとめない、フワッとしたシルエットのアイテムを着ない、レースやドット柄などのフェミニンなディテールの服を着るときは黒を選ぶ、きれい色を着るときは、甘く見えそうな暖色系は選ばない、かわいらしいイメージのあるピンクを身につけるときは、パステルではなく、くすんだ色を選ぶ、スタッズやチェーンなど少しハードな要素のある小物を取り

入れる、などなど……。

このように、**甘さを排除する、または甘さのあるアイテムを取り入れる場合は、甘い要素をひとつまでにする**と決めています。

よく見かける、甘すぎて〝メルヘンおばさん〟になってしまいそうな組み合わせとは、たとえば、毛足が長くフワフワとしたモヘアのニットに、プリーツのフレアスカートを合わせている。とろみのあるブラウスに、小花柄のスカートを合わせている。パステルカラーのパンプスに、パステルカラーのバッグを合わせている、など。

この甘い×甘いの組み合わせのどちらかを〝ドライな素材〟のアイテムに替えるだけで、グッとあか抜けておしゃれに見えるんですよ。〝ドライな素材〟とは、スエードやコットン、チノなどのことです。甘いアイテムのフワフワ素材、とろみ素材とは違うドライな質感の効果をぜひ実感してみてください。

ダークカラーを多用し、ハンサムに仕上げて

小柄の場合、パンツでも全身が淡い色だとかわいらしく見えてしまうので、ダークカラーだけでまとめて辛口に。小柄だから、全身濃色でも重く見えません。

トップス／ドゥーズィエム クラス　パンツ／シクラス　バッグ／ステラ マッカートニー　靴／ハワイアナス　時計／カルティエ　イヤリング／シャルロットシェネ

フェミニンなレースやドットは黒に頼ります

辛口なスタイルが好きですが、ときには甘さのあるアイテムを身につけることも。そんなときは、クールな黒を選んで、脱メルヘン！

レースブラウス／ドゥーズィエム クラス
ワンピース／ユナイテッドアローズ

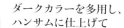

Sayaka's voice

rule_54

小柄でも、ハイヒールで底上げしなくていい。フラットシューズでバランスよく見せられる

小柄だから、ハイヒールを履いてバランスアップしなきゃ着こなしが決まらない、と思っている方も多いと思います。ハイヒールが好きで、ふだんから履いていていらっしゃる方はいいのですが、本当はフラットシューズのほうが好き、動きやすいフラットを履きたいと思っている方にお伝えしたい！「小柄でもフラットシューズでバランスよく見せられます！」。少し時間と手間が必要ではあるのですが……バランスよく見せられる方法を一度身につけたら、とってもラクになれます。

では、どんなことをすればよいか紹介します。まず**全身をコーディネートして靴を履いた状態で鏡の前に立ちます**。そして、トップスを替えてみたり、アクセサリーを替えてみたり……。全身のバランスがすっきりときれいに見えるコーディネートを、ただひたすら研究してみてください。時間と手間はかかりますが、結局これがおしゃれを自分のものにできる、最短ルートだと思うんです。スマホで自撮りをして、写真を見比べて考えることもできますよね。もちろん、小柄ではない方にも有効な方法です！

私自身も今でも、毎朝コーディネートが決まったら、靴まで履いた状態で鏡の前に立ち、すっきり見えるかどうか、客観的な目で見て確認しています。なんかバランスが悪いなと思ったら、朝から取っ替え引っ替えコーディネートに悩むこともあります。

日々の試行錯誤の末、フラットシューズでもバランスよく見える／見えないと気づいた組み合わせをボトム別に紹介したいと思います。

まず、**とろみ素材のワイドパンツの場合。足の甲が見えるベーシックなバレエシューズは好相性。**旬の甲深バレエシューズは、足の甲を覆う面積が増えるのでバランスを取るのが難しくなります。足の甲が完全に覆われる靴の場合はもっと注意が必要。足の甲を覆い、厚みも出てしまうハイテクスニーカーやダッドスニーカーは、抜け感がなく、重く見えるのでNG。足の甲が隠れる靴の中でも、コンバースのようにほっそりとしたデザインのものならOKです。

次に**マキシ丈のスカートやワンピースの場合。やはりOKなのは、ベーシックなバレエシューズ。**マキシ丈の裾から、ちらりと素肌がのぞくことで生まれる抜け感が要《かなめ》。バレエシューズだと、肌見せの分量がちょうどいいんです。反対に難しいのは、やはり厚みのあるハイテクスニーカーやダッドスニーカー。ボリュームのあるマキシ丈ボトムに、ボリュームのある靴では、重心が下がってしまいます。

最後に最近豊富な**ハイウエストのテーパードパンツの場合**。ハイウエストのパンツをトップスをインしてはくと、ボトムで覆われる面積が大きくなります。だから、足元でシュッとして見せることがポイント。そのため、**すっきりと見えるポインテッドトウの靴がベスト**。いくら今っぽいからといっても、ハイウエストのパンツ×甲深シューズでは、上も下も覆われてる感が強すぎてアンバランスです。

Sayaka's voice

rule_55

小柄の服選びは
ネックラインが要《かなめ》。
クルーネックで
間延びして見せない工夫を

私自身のトップスは、**衿付きシャツを除けば、ほぼ100%クルーネック(丸首)です。**ファッションのセオリーとしては、首元に抜け感を加えたほうがバランスよく見えるという考えが一般的なのかもしれませんが、私はそうは思いません。小柄なら特に、胸元の肌が見えることで、頭のてっぺんからデコルテまでの距離が長く見えて、顔まわりが大きく広く見えてしまい、スタイルよく見えないと思うんです。だから、VネックやUネック、オフショルダーなど、首元が詰まっていないトップスに今は手を出しません。

私も数年前まではUネックがすっきり見えると信じていたのですが、首元がキュッとして、バランスよく見えるクルーネックの威力を知ってからは、すっかりクルーネック一辺倒に。

唯一、胸元の肌が見えても大丈夫なのが、衿付きシャツです。シャツの場合は首元に高さがあり、衿という立体的なデザインがあるので、胸元が開いていても上に目線を引き上げてくれます。

さて、話を戻しますが、いくらクルーネックがいいと言っても、「首が短く

て太いから、クルーネックが似合わない」という声もよく聞きます。ですが、それは首元だけしか見ていないのが原因だと思うんです。クルーネックは全身のバランスをよく見せてくれるアイテムなので、首元だけを見るのではなく、全身を見て考えることが重要。クルーネックを着て、髪の毛をおろして、大きめのフープタイプのピアスをつけたら、要素が多すぎて、どうしても首元が詰まって見えてしまう。髪をひとつにまとめて、小ぶりのひと粒タイプのピアスに替えると、首が短くて太くても、クルーネックをすっきりと着られると思います。

反対に、首が長い人がクルーネックを着るときは、髪の毛をおろして、長い首を少し隠したり、ひと粒ピアスではなくフープピアスにしたり、首元がすっきりしすぎない工夫をしてみてください。

首が短い、太いというコンプレックスをカバーできる首回りのバランスをぜひ全身鏡で研究してみてください。

Sayaka's voice

rule_56

小柄がメリットになるコーディネートを知るとおしゃれがもっと楽しくなる

小柄をどう補えば素敵に見えるか、という発想ではなく、小柄をそもそも活かせるコーディネートを考えるのも楽しいです。私が気づいたのは、**小柄だからこそ、〝迫力が出すぎない〟というメリットを利用できる**こと。

たとえばどんなコーディネートが楽しめるかというと……、ひとつめは、**「肌見せスタイルがヘルシーにキマる」**ことです。小柄サイズ＝かわいらしい要素があるということなので、肌を見せてもいやらしく見えないのが特権。人気の背中が大きく開いたトップスも、小柄ならヘルシーに仕上がります。ただし、肌見せが多くなると、大人としての品性に欠けてしまうので、もし背中を出すなら、脚はフルレングスのパンツで肌を隠すなど、調整はマストです。

２つめは、**「全身をダークカラーでまとめても重く見えない」**こと。私は小柄でもすらりとしたバランスに見えるように、上下の色を同じような色みでつなぐというテクニックをよく使います。このとき上下ともダークカラーでまとめると重い印象になってしまいそうですが、小柄ならその心配は要りません。なぜなら、大柄の人よりも小柄のほうが服の面積自体が小さくなるので、重くならずに着こなすことができるから。

3つめは、**「渋い色を老けずに着こなせる」**こと。ひとつめと同じ発想ですが、一見老けて見えそうな渋めの色も、フレッシュに着こなすことができます。

4つめは、**「迫力のあるジュエリーのレイヤードがゴツく見えない」**こと。大ぶりのペンダントや太めのレザーブレスレット、大きめのリングなど、迫力のあるジュエリーを一度に身につけても、ゴツく見えないのはとってもうれしいメリットです。

背が低いことや高いことをカモフラージュしようとするのではなくて、身長の与える印象をメリットと思えば、似合うものに出合いやすくなると思います。

おわりに

最後まで読んでくださり、ありがとうございます。
20歳で銀行へ就職し、27歳でこの道に入り、今35歳となりました。
気付けば銀行員時代よりも、アシスタント時代を含めですが、
スタイリスト業のほうが長くなりました。
この世界に入った当初は、何というか、いい意味でも悪い意味でも、
今までの常識が覆され、とにかく自由だな(笑)と感じました。
組織の中で周りと足並みを揃えてきた7年間とは真逆で、
クリエイティヴで型にはまらない、普通のことをしていたら
誰も見向きもしてくれない、そんな世界だなと感じました。
日々目まぐるしく変わるトレンドを取り入れたほうが
もちろんビジュアル的に新しく感じるし、
初めて見るかわいさと華やかさは人の目を引きます。
ただ、私が好きなテイストは一貫してベーシックなスタイルです。
ベーシックと地味は紙一重だなと痛感することが多く、
ベーシックな中にも新しさを感じさせる、
その難しさを思い知らされました。
寂しく見える、でもあれもこれもと盛りたくない、

映えのために無理やり色を入れたくない、今だって日々葛藤です。
ベーシックだからこそ、選び方を更新する大切さを知りました。

銀行員時代、毎朝乗る電車に、
とても素敵なご婦人がいらっしゃいました。
一粒パールが際立つベリーショートに、
ベーシックカラーの質の良さそうなニットとパンツ、
少し日焼けした肌にシルバーとゴールドアクセが本当に素敵で、
毎朝その方の着こなしを見るのが楽しみで仕方がありませんでした。
そのご婦人が色ものやスカートをはいているのを見たことはなく、
毎日楽しみにしてしまうくらい着こなしが素敵だったのは、きっと
その方の徹底した〝好き〟が貫かれていたからだろうと思います。
誰の評価を気にするでもなく、自分の好きなものを貫く。
そしてそれが本当に似合っていて、その人らしい。
さやかちゃんらしいね、と言ってもらえることが
私にとっての最高の褒め言葉であるように、
読んでくださった皆様の〝らしさ〟の手助けができたらうれしく思います。

表紙のシャツ／ユニクロ アンド ジェイ ダブリュー アンダーソン　裏表紙のバッグ／ジェイアンドエムデヴィッドソン　P3のシャツ／ウィムガゼット　デニム／アッパーハイツ　リング／（右手中指・左手人差し指）ティファニー・（右手薬指）ドゥジャガー・（左手中指）ハム

STAFF

撮影
人物：目黒智子
（P3-11,P19-32,P67-147）、
須藤敬一（P17）
静物：坂根綾子
（表紙,P58-138）、
武藤剛（P147）

ヘアメイク
桑野泰成（ilumini.inc.
/P3-11,P19,P28-32,P86-147）
川嵜瞳（PEACE MONKEY/P17）
yumi*（P7,P21,P67-79,P143）

スタイリングアシスタント
伊藤成美

デザイン
髙橋桂子

構成
高橋香奈子

出演・スタイリング
川上さやか

監修
ウェブマガジン
ミモレ編集チーム
mi-mollet.com

川上さやか Sayaka Kawakami

スタイリストとしてウェブマガジン『mi-mollet（ミモレ）』で連載をもつほか、雑誌『Oggi』『BAILA』やファッションブランドのカタログなどで活躍する。大手都市銀行に7年勤めたのち、スタイリストに転身した異色の経歴の持ち主。明日オフィスに着ていけるリアルな通勤ファッションの提案に信頼を寄せるファンが多い。シンプルでベーシックなアイテムを基本としながら、知的で品のよいファッションを得意とする。身長154㎝と小柄な体型を活かした私服コーディネートも人気。Instagram:@sk_120

おしゃれになりたかったら、
トレンドは買《か》わない。
誰《だれ》も教《おし》えてくれなかった脱《だつ》おしゃれ迷子《まいご》のルール56

2019年10月9日 第1刷発行
2019年11月13日 第2刷発行

著者　川上《かわかみ》さやか
発行者　渡瀬昌彦
発行所　株式会社 講談社
〒112-8001　東京都文京区音羽2-12-21
電話　編集　Tel 03-5395-3814
販売　Tel 03-5395-3606
業務　Tel 03-5395-3615

印刷所　大日本印刷株式会社
製本所　大日本印刷株式会社

定価はカバーに表示してあります。

ISBN978-4-06-517500-2